ITINÉRAIRE

DU PORTUGAL.

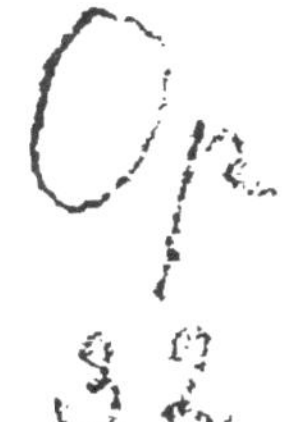

ITINÉRAIRE

DU PORTUGAL,

OU

GUIDE DES VOYAGEURS

ET TABLEAU

DES GRANDES ROUTES, CHEMINS DE TRAVE[RS] ET DE COMMUNICATION

DE TOUTES LES VILLES DU PORTUGAL A LISBON[NE] ET DE CES DIFFÉRENTES VILLES ENTR'ELLES.

Traduit du Portugais sur la dernière édition, et a[ug-] menté d'un petit Dictionnaire géographique du Por[tu-] GAL, et de la route de BAYONNE à LISBONNE par MA[DRID] et SALAMANQUE.

Par P.***** B.***

BORDEAUX, — 1810.

DE L'IMPRIMERIE DE PIERRE BEAUM[E]

es exemplaires voulus par la loi ont été
déposés à la Bibliothèque impériale.

AVIS

DE L'ÉDITEUR.

Nous avons cru qu'une traduction d[e] cet Itinéraire ne pouvait paraître dans u[n] moment plus favorable que celui où un[e] armée française, commandée par un Gé néral célèbre, et dirigée par d'habile[s] Officiers, marche contre le Portugal pou[r] en faire la conquête.

Les explications suivantes serviront à faciliter l'intelligence de cet ouvrage.

Nous avons suivi la division du Portu- gal en provinces ; et après avoir parlé des villes principales, des montagnes, et des rivières qui arrosent chaque province, nous avons tracé les routes d'une ville à

e autre, et de chacune d'elles à la ca-
tale du Royaume, en indiquant les
ints de communication avec les plus
tits endroits. Par ce moyen, on pourra
rcourir le Portugal dans tous les sens,
ns craindre de se tromper, et on sera
ujours fixé sur la distance d'un point
un autre, et sur les villes ou hameaux
ar lesquels il faut passer pour y aboutir.

Il est bon d'observer qu'il n'y a de
rande route en Portugal que celle de
Lisbonne à Coïmbre ; les autres routes ne
oivent être considérées que comme des
hemins de traverse où l'on peut cependant
ller en voiture.

Nota. Les lettres ã, õ, ainsi accentuées, n'ont d'autre
effet que d'indiquer leur prononciation en Portugais, qui
est *am, oem* : *ex.* João, põe, *prononcez* Joam, poem.

ITINÉRAIRE

DU PORTUGAL.

TOPOGRAPHIE.

Lᴇ Portugal est borné au nord et à l'est par l'*Espagne*; au sud et à l'ouest par l'*Océan*.

Sa population est de 2,800,000 habitans environ.

Il est divisé en six provinces, dont trois au nord, savoir : *Entre-Douro et Minho*, *Traz-os-Montes*, *Beira*; et trois au midi, l'*Estramadure Portugaise*, *Alemtejo* et *le royaume des Algarves*.

ENTRE-DOURO ET MINHO.

Cette province a 18 lieues de long du nord au sud, c'est-à-dire, des bords du *Minho* à ceux du *Douro*, et 18 de large de l'est à l'ouest. Elle est arrosée par le *Minho*, le *Douro*, les rivières de *Lima*, *Cavado*, *Neiva*, *Ave*, *Tamega*, *Leza*, et *Sousa*. On y compte plus de 200 ponts en pierre.

Le sol de cette province est le plus fertile du Portugal ; on y récolte beaucoup de vins dont il se fait un commerce considérable d'exportation.

La capitale est *Braga*, et les ports les plus considérables sont *Porto*, *Viana*, *Caminha*, *Esposende*, *Villa do Conde*, et *Matosinhos*.

Amarante, sur le *Tamega*, petite ville.

Barcellos est une ville considérable située sur le *Cavado*.

Braga, capitale, dans une plaine entre les rivières de *Cavado* et *Deste*, siége d'un archevêché, est une ville assez considérable.

Caminha, à l'embouchure du *Minho*, est défendue par le château de la *Insoa*.

Canavezes, sur les bords du *Douro*.

Esposende, à l'embouchure du *Cavado*,

a un port où il ne peut entrer que de petits vaisseaux, et qui est défendu par un château.

Guimarães, jolie petite ville assez bien fortifiée.

Melgaço, sur le *Minho*, a quelques fortifications.

Monção, sur le *Minho*, en face de *Salvatierra* (Galice), est une place assez bien fortifiée.

Porto, situé à l'embouchure du *Douro* qui est défendue par le château de *S. Joaõ da Foz*, est une ville très-considérable et fait un grand commerce de vins.

Ponte-de-Lima, sur la rivière de *Lima* avec un beau pont de pierre, jolie petite ville.

Ponte-de-Porca, petite ville.

Valença do Minho, située sur la rive gauche du *Minho*, est une place d'armes assez importante.

Viana, à l'embouchure de la rivière de *Lima*, est défendue par le château de *Santiago* bâti sur la barre.

Villa do Conde est un joli petit port avec quelques fortifications.

Villanova da Cerveira a quelques ouvrages de défense : entre cette ville et *Valença* est le fort d'*Azevedo*.

Villanova de Porto, sur le *Douro*, en face de *Porto*, petite ville qui renferme 2,000 habitans.

Les chemins de cette province sont les meilleurs du royaume : on peut regarder *Porto* comme leur centre commun, quoique cette ville soit placée à l'extrémité méridionale d'*Entre-Douro et Minho*.

ROUTES.

De TUY à PORTO, 17 *l.* $\frac{1}{4}$ (*au sud.*)

De Tuy à Valença do Minho...............	$\frac{1}{4}$	A Viana............	3
		A Redemoinhos........	2
Minho, rivière.		*Lima*, rivière.	
A Villanova da Cerveira.	2	A Barca de Lago........	1
A Caminha..........	2	A Terra-Negra.........	1

À Rattes.	1	À Moreira.	1
A Casal de Pedro.	1	A Senhor do Padrão.	1
A Magdalena.	1	17 $^1/_4$ — A Porto.	1

Ave, rivière.

De TUY à MELGAÇO, 5 $l.$ $\frac{1}{4}$ (à l'est), par la rive méridionale du Minho.

De Tuy à Valença.	$^1/_4$	5 $^1/_4$ — A Melgaço.	3
A Monção.	2		

De MONTEREY à PORTO, par Chaves (à l'ouest), 25 $l.$

De Monterey à Chaves.	3	A Pinheiro.	1
On côtoie le *Tamega*.		A Carvalho-Deste.	1
A Casas-Novas.	1	17 — A Braga.	1
A Boticas.	1	A Tebosa.	1
A Carvalhelhos.	1	A Santiago da Cruz.	1
A Alturas.	1	A Villanova de Famelicão.	1
A Venda da Serra.	1	A Barca da Trofa.	1
A Venda-Nova.	1		
A Campos.	1	*Ave*, rivière.	
A Ruivães.	1	A Carriça.	1
A Salamonde.	1	A Castelegio.	1
		A Ponte de Leza.	1
Montealegre, rivière.			
		Leza, rivière.	
A Penedo.	1		
A Pardieiros.	1	25 — A Porto.	1

De PORTO à COIMBRE et LISBONNE, (au sud), 53 $l.$

De Porto à Rechouza.	1	A Carvalhos.	1
		A Grijo.	1
Douro, rivière.			

A Souto-Redondo. 1
A S. João da Madéira. . . 1
A Oliveira de Azemeis.. . 1
A Pinheiro da Bemposta.. 1
A Albergaria-Nova.. . . . 1
A Albergaria-Velha. . . . 1
A Ponte do Vouga. 1

Vouga, rivière.

A Sardão. 1
A Agoada 1
A Avelãs. 1
A Pedreira. 1
A Mealhada. 1
A Carquejo.. 1
A Fornos. 1
18 — A Coïmbre. 1

Mondego, rivière.

A Condeixa 2
A Cartaxo. 1
A Porto-Coalheiro.. . . . 1
A Redinha. 1

A Pombal.. 2
A Venda-Nova. 1
A Venda da Bouça 1
A Venda do Gallego. . . 1
A Venda dos Machados.. 1
30 — A Leyria. 1
A São Jorge. 2
A Venda dos Carvalhos. . 1
A Muliano. 2
A Candieiros. 2
A Venda da Costa. 1
A Venda da Palhoça.. . . 1
A Venda da Agoa.. 1
A Tagarro. 1
A Otta. 2
A Moinho-Novo. 1
A Castanheira. 1
A Povos. 1
A Villafranca. 1
A Alhandra. 1
A Alverca. 1
A Sacavem.. 2
53 — A Lisbonne. 2

De PORTO à BRAGA (*au nord*), 8 *l.*

De Porto à Ponte de Leza. 1

Leza, rivière.

A Castelegio 1
A Carriça. 1
A Barca da Trofa.. 1

Ave, rivière.

A Villanova de Famelicão. 1
A Santiago da Cruz. . . . 1
A Teinosa. 1
8 — A Braga. 1

Neiva, rivière.

DE BRAGA à CHAVES (*à l'est*), 17 *l.*

Voyez le chemin de Monterey à Porto, pag. 11.

DE BRAGA à GUIMARAENS, 3 *l. et à* AMARANTE (*à l'est*), 7 *l.*

De Braga à os quatro Ir-mãos.	1	A Caramos.	1
3 — A GUIMARAENS.	2	A Liza.	1
A Pombeiro.	1	7 — A AMARANTE	1

DE BRAGA à VIANA (*au nord*), 6 *l.*

De Braga à Ponte do Prado.	1	A Ponte da Anhel.	1
Cavado, rivière.		A Boticas	1
		A Senhora das Neves.	1
A Senhora do Bom-Des-pacho.	1	6 — A VIANA.	1

DE PORTO à VIANA (*au nord*), 10 *l.*

Voyez la route de Tuy à Porto, pag. 10, *où l'on trouvera également la communication de Viana avec Valença do Minho et Tuy.*

DE PORTO à BARCELLOS (*au nord*), 8 *l.*

De Porto à Senhor do Pa-drão.	1	A Moreira.	1
		Leza, rivière.	

A Lameira. 1
A Nove Irmãos. . . . . ¹/₂
(*C'est un passage dangereux en hiver à cause des grands bourbiers qui s'y trouvent.*)
A Magdalena. . . . . . . ¹/₂
A Casal de Pedro. . . . 1

A Ponte de Arcos. . . . ¹/₂
A Ponte da Mulher morta. . . . . ¹/₂
Ruisseau à traverser.
A Cacabaia. . . . . 1 ¹/₂
8 — A BARCELLOS . . . ¹/₂
Cavado, rivière, P.

DE BARCELLOS *à* PONTE-DE-LIMA (*au nord*), 5 *l.*

De Barcellos à Senhora da Portella. 1
A Senhora Apparecida. . 1
Portella de S. Estevão . . . 2

5 — A PONTE-DE-LIMA... 1
Lima, rivière, P.

DE PORTO *à* PONTE-DE-LIMA, *par* BRAGA (*à l'est et puis au nord*), 13 *l.*

De Porto à Ponte de Leza. 1
A Castelegio. 1
A Carriça. 1
A Trofa. 1
A Villanova de Famelicão. 1
A Santiago da Cruz. . . . 1
A Tebosa. 1

8 — A BRAGA. 1
A Prado. 1
A Moure. 1
A Aguães. 1
A Ponte-Nova. 1
13 — A PONTE-DE-LIMA. 1

Outre les principales rivières qui arrosent la province d'*Entre-Douro et Minho*, dont on a déjà parlé, il en est d'autres moins considérables, telles que *Taveira* qui se jette

ans *Lima* ; *Coura*, qui a son embouchure
ans la mer, près de *Caminha* ; *Homem*,
ui se réunit avec le *Cavado* ; *Pe*, *Fafe*,
Tisela et *Landin*, qui se jettent dans *Ave*,
t font de cette dernière une rivière impor-
ante ; enfin, *Gifães* qui se joint avec *Leza*.

TRAZ-OS-MONTES.

Cette province, la plus montueuse du Portugal, a 26 lieues de long sur 17 de large.
Elle est séparée d'*Entre-Douro et Minho*
par les montagnes de *Marão* et de *Jerez*,
et bornée à l'est et au sud par le *Douro*.

Les rivières qui l'arrosent sont *Beca*,
Tamega, *Corgo*, *Pinhão*, *Carcedo*, *Torto*,
Tuela, *Sabor*, *Rio Negro*, *Tera*, *Esla* et
Aliste, qui toutes se jettent dans le *Douro*.

Les villes principales sont :

Bragança, capitale du duché de ce nom,
est entourée de murailles, et défendue par le
fort de *S. João de Deos* bâti sur le *Car-
rascal* qui domine la ville.

Chaves, sur le *Tamega*, avec un beau pont de pierre de 16 arches, est une ville assez considérable et médiocrement fortifiée.

Miranda de Douro, ainsi nommée par sa position sur le *Douro*, est défendue par un bon château, et peut être regardée comme la clef de la province.

Mirandella, sur la *Tuela*, petite ville médiocrement fortifiée.

Montalegre, petite ville, avec un château fortifié.

Outeiro, petite forteresse située entre les rivières de *Sabor* et de *Maça*.

Torre de Moncorvo, près du confluent du *Sabor* et du *Douro*, petite place défendue par un château de peu d'importance.

Villaflor, jolie petite ville.

Villa-Real, ville la plus peuplée de la province.

Vimioso, près de la rivière de *Maça*, petite ville fortifiée.

ROUTES.

DE MONTÉREY (*Galice*) à TORRE DE MONCORVO (*à l'est et au sud*), 17 *l.*

De Monterey à Chaves. . 3
A S. Lourenço. 1

Tamega, rivière.

A Ervões. 2
A Valpasos. 1
A Rio Torto. 1

Torto, rivière.

A Eixes. 1

A Mirandella. 1

Tuela, rivière.

A Frechas. 1
A Meireles. 2
A Vilaflor. 1
A Portella. 2
17—à TORRE DE MONCORVO. 1

Sabor, rivière.

DE LA PUEBLA DE SANABRIA (*Espagne*) à TORRE DE MONCORVO (*au midi*), 18 *l.*

De la Puebla de Sanabria
  à Bragança. 4

Sabor, rivière.

A Sortes. 2
A Fernandes 1
A Quintella. 1
A Val de Prados. 1
A Grijó. 1
A Val-bemfeito. 1
A Bornes. 3

A Trindade. 1
A Santa Comba. 1

(*Petite rivière qui se jette
dans le rio Sabor.*)

A Junqueira. 2
A Portella. 1

Sabor, rivière.

18—à TORRE DE MONCORVO. 1

DE ZAMORA (*Vieille Castille*) *à* TORRE DE MONCORVO (*au midi et à l'est.*), 21 *l.*

De Zamora à Miranda de Douro.........	8	A Villadelle.........	3
		A Mogadouro........	2
Douro, rivière.		A Carviçaes.........	4
A Sindim.........	2	21—A TORRE DE MONCORVO.	2

DE TORRE DE MONCORVO *à* VILLA-REAL (*au nord-ouest*), 14 *l.*

De Torre de Moncorvo à Vilaflor.....	3	A Parafita.........	2
Sabor, rivière.		*Carcedo*, rivière.	
A Abreiro........	2	A Justes..........	1
A Montefebres.....	2 ¹/₂	*Pinhão*, rivière.	
Tuela, rivière.		14 — A VILLA-REAL. ...	2
A Murça.........	1 ¹/₂	*Corgo*, rivière.	

DE TORRE DE MONCORVO *à* PORTO, *par* AMARANTE (*à l'ouest*), 29 *l.*

De Torre de Moncorvo à Villa-Real........ 14		19 — A AMARANTE......	1
(*Voy. ci-dessus.*)		*Tamega*, rivière.	
A Arabães..........	1	A Villameã.........	2
A Campeão........	1	A Arrifana.........	2
(*Bras de rivière qui se jette dans le rio* CORGO.)		A Balthar.........	2
		A Val-longo........	2
		A Venda-Nova.......	1
A Ovelha.........	2	29 — A PORTO.......	1

VILLA-REAL *à* LAMEGO, *dans la* BEIRA, 4 *l.*

Villa-Real à Comieira. 1	séparation *des deux provinces.*
Snta-Martha. 1	
Sezo da Regoa 1	4 — A LAMEGO. 1
Duro, rivière qui fait la	

VILLA-REAL *à* CHAVES (*au nord*), 9 *l.*

Villa-Real à Escariz. . 1	A Villaverde da Oura. . . 1
Amezio. 1	9 — A CHAVES. 2
Villa-Pouca. 2	*Tamega,* rivière.
Saboroso 2	

VILLA-REAL *à* MIRANDELLA (*à l'est*), 10 *l.*

e Villa-Real à Alvites. . 1	*min de Torre de Mon-corvo.*)
Justes. 1	
Parafita. 1	A Palheiros. 1
Cadaval. 1	A Franco. 1
Murça. 1	A Lamas. 1
X *Ici on tourne à gauche, laissant à droite le che-*	10 — A MIRANDELLA. . . . 2
	Tuela, rivière.

DE TORRE DE MONCORVO à LISBONI

(*au midi et à l'est*), 62 *l.*

De Torre de Moncorvo à Pocinho............ 1	A Venda do Corvo....	
	A Espinhal.........	
Douro, rivière.	A Venda das Figueiras.	
	A Venda de Maria....	
A Marvão......... 2	A Cabaços.........	
A Rabaçal........ 3	A Pereiros........	
	A Ceras........	
Mondego, rivière.	40 — A THOMAR......	
A S. Martinho...... 2	A Guerreira.......	
A Celorico........ 3	A Val de Tancos.....	
A Carrapichana...... 2	A Ponte de Pedra....	
A Corticó par Villa-Cortez et Sampaio........ 1	A Golegá........	
A Vinhó......... 1	A Azinhaga........	
A Pinhanços........ 1	A Alviella........	
A Maceira......... 1	A Cruz da Entrada....	
A Caragoça........ 1	48 — A SANTAREM....	
A Chamusca........ 1	A Cartaxo........	
A Gallizes........ 2	A Azambuja.......	
A Venda do Porco..... 1	A Villa-Nova da Rainha.	
A Venda do Valle..... 1	A Castanheira.......	
A Moita......... 1	A Povos.........	
A Poços......... 1	A Villafranca.......	
A Sobreira........ 1	A Alhandra........	
A Ponte da Murcella.... 1	A Alverca........	
A S. Miguel de Poiares.. 1	A Povoa.........	
A Foz de Arouce..... 1	A Sacavem........	
	62 — A LISBONNE......	

NOTA. *Quoique le tableau ci-dessus n porte que 62 lieues, on en compte néan moins 67.*

TORRE DE MONCORVO *à* FREIXO DE ESPADACINTA , 5 *l.*

IDe Torre à Mos. 2
85 — A FREIXO DE ESPADACINTA. 3

our les routes de TORRE DE MONCORVO
ONTEREY *et* CHAVES , *Voy. p.* 17 ; *à* BRA-
:A *et* PUEBLA DE SANABRIA , *Voy. ibid. ; à*
ANDA *et* ZAMORA , *p.* 18 *en remontant.*

BRAGANÇA *à* CHAVES (*à l'ouest*), 12 *l.*

·agança à Grandais..	1	A Monforte.	1
·strelhor.	1	A Fayões.	1
Haverde	1	12 — A CHAVES.	1
nhaes.	1		

·iro *et Tuela,* rivières.

dreiro 1
llpasos. 1
ll de Armeiro. 1
Martão. 1

Rabaçal , rivière.

buzão. 1

NOTA. *On observera qu'en hiver on fait trois lieues de plus pour aller passer le* RIO TUELA *au pont de* VAL – DE – TE-LHAS *, qui est sur la gauche de* BRAGANCE *à* CHAVES.

De BRAGANÇA à MIRANDA de DOUF

9 *l. passant par les places* d'Outeir(Vimioso,

De Bragança à Outeiro. . 3	9—A Miranda de Dou
A Vimioso. 3	

AUTRE CHEMIN.

De Bragança à Rio-Frio.. 1	A S. Joanico. . . . . . .
A Paradinha. 1	A Malhadas.. . . . . . .
A Quinta de Val de Pena. 1	8—A Miranda de Dour(

BEIRA.

Cette province a 24 l. de long sur 24 large. Elle est séparée au nord, par le *Dou d'Entre-Douro et Minho* et *de Traz--Montes ;* elle confine au midi avec l'*Est madure Portugaise,* à l'est avec le *royau de Léon,* et à l'ouest avec l'*Océan.*

Les auberges de cette province sont plus mauvaises du Portugal.

Le *Mondego* en est la rivière la plus cor

...dérable ; elle est aussi arrosée par les *rios Lomba*, *Arda*, *Paiva*, *Tavora*, *Tourões*, et *Coa*, qui se jettent dans le *Douro*; ceux de *Zezere*, *Ponzul*, *Aravil*, *Elga*, qui ont leur embouchure dans le *Tage*. — Le *Mondego* et *Vouga* se jettent dans l'Océan.

On y compte les villes suivantes :

Almeida, place forte, à demi-lieue du *rio Coa*, en face du fort espagnol de *la Conception*, située sur une hauteur qui domine tous les environs. C'est une des plus fortes places du Portugal.

Arganil, petite ville dont l'évêque de Coïmbre est seigneur et comte.

Aveiro, port à l'embouchure du *Vouga*, ville assez considérable.

Buarcos, petite ville peu éloignée de l'embouchure du *Mondego*; elle fut presqu'entièrement détruite par le tremblement de terre de 1755.

Castel-Rodrigo et *Salvaterra* ont quelques fortifications.

Castello-Branco, sur la rivière de *Lyra*, est une jolie ville défendue par un château.

Coïmbre, sur le *Mondego*, avec un pont de pierres, capitale de la province, siége d'un évêché et d'une université.

Covilha, au pied du mont *Estrella*.

Feira, petite ville.

Figueira, à l'embouchure du *Mondego*, jolie petite ville très-commerçante.

Guarda, sur une partie du mont *Estrella*, près de la source du *Mondego*, est bien fortifiée et dans une excellente position.

Idanha a Nova, et *Idanha a Velha*, sont deux petites villes situées à deux lieues l'une de l'autre.

Lamego, situé dans une vallée entourée de montagnes et arrosée par une petite rivière qui se jette dans le *Douro*, est défendu par une bonne citadelle.

Miranda de Corvo, jolie petite ville sur la rivière *Dueca*.

Montemor o Velho, petite ville sur le *Mondego*.

Oliveira do Conde, non loin du *Mondego*, petite ville.

Pena-Macor, à douze lieues d'*Almeida*, est une place passablement défendue.

Pinhel, près de la rivière du même nom qui se jette dans le *Coa*, est une place assez bien fortifiée.

Tarouca et *Arouca*, petites villes.

Trancoso, petite ville.

Villa-Nova de Anços, petit port de mer.

Viseu, situé dans une plaine entre les rivières de *Mondego* et de *Vouga*, est une ville ancienne et assez considérable : il s'y tient tous les ans une grande foire.

B

ROUTES.

D'ALMEIDA *à* PORTO, 52 *l.* $\frac{1}{4}$

D'Almeida à Valverde. 1

Coa, rivière.

A Pereiro. 1
A Pinhel. 1
A Valbom 1
A Santa Eufemia. . . . 1
A Cotimos. 1
A Morcirinhas. 1
A Torrinha. 1
A Sarzeda. 1
A Villa da Ponte. . . . 1
A Villa da Rua. 1
A Moimenta da Beira. 1
A Sarzedo. 1
A Granja-nova 1
A Ferreirim 1
16 $\frac{1}{4}$ — A LAMEGO. . . 1

A Santiaguinho. 1
A Mezãofrio 1
A Teseira 1
A Carrasqueira. 1
A Fonte do Mel. 1
A Venda da Giesta 1
A Canavezes. 1
A Os quatro Irmãos. . . . 1
A Castro. 1
A Arrifana de Sousa. . . . 1
A Paredes. 1
A Balthar. 1
A Ponte-Ferreira. 1
A Val-longo. 1
A Venda-nova. 1

Douro, rivière.

$\frac{1}{4}$ | 32 $\frac{1}{4}$ — A PORTO. 1

DE CIUDAD - RODRIGO (*Espagne*) *à* LISBONNE, *passant par* ALMEIDA *et* PINHEL (*au midi et à l'ouest*), 63 *l.* $\frac{1}{2}$

De Ciudad - Rodrigo à
Almeida 4

Agueda, rivière.

A Valverde. 1
A Pereiro 3

A Pinhel. 1
A Souto Pires. 1
A Baracal. 1
A Celorico. 1
A Cortiço. 1
A Carrapichana. . . . . $\frac{1}{2}$

A Villa-Cortez. 1
A Sampaio . . . . ¹/₂
A Vinhó 1
A Pinhanços. 1
A Maceira. 1
A Torrozello. . . . . . . ¹/₂
A Caragoça. 1
A Chamusca. 1
A Gallizes. 1
A Venda do Porco . . 1
A Venda do Valle . . 1
A Moita 1
A Cortiça 1
A Ponte da Murcella. 1
A São Miguel de Poiares. 1

A Foz de Arouce.. . . . 2
A Venda do Corvo. . . 2
A Espinhal. 1
A Venda dos Moinhos. 1 ¹/₂
A Vendas de Maria. . ¹/₂
A Barqueiro. 1
A Cabaços. 1
A Pereiros. 1
A Ceras. 1
A Venda-Nova. 1
A Thomar. 2
63 ¹/₂ — A LISBONNE. 22

(Voyez le chemin de Torre de Moncorvo à Lisbonne, pag. 20).

DE CIUDAD-RODRIGO (*Espagne*) à LA GUARDA, 10 *l.*

De Ciudad-Rodrigo à Almeida. 4
A Aldea-Nova. 1
A Freixo. 1

A Pincio. 1
A Urgeira. 1
A João Bragal. 1
10 — A LA GUARDA. . . . 1

DE LA GUARDA à LISBONNE, *par* ABRANTES, 50 *l.*

De La Guarda à Vendas da Velha. 2
A Belmonte. 2
A Caria. 1
A Pera-Boa. 1
A Capinha. 1
A Quartão. 2

A Atalaia. 1
A Soalheira. 2
A Tinalhas. 2
A Juncal. 1
A Sarcedas. 2
A Monte-Gordo. 1
A Sobreira - Fermosa. . 2

A Corticada......... 1
A Cardigos.......... 2
A Palhota........... 1
A São Domingos..... 2
27 — A ABRANTES..... 2
A Tancos.......... 3
A Golegã.......... 2

A Barrocas.......... 3
A SANTAREM.......... 1
5o — A LISBONNE..... 14

(*Voy. route de Torre de Moncorvo à Lisbonne, pag. 20.*)

Autre chemin de LA GUARDA *à* LISBONNE.

De la Guarda à Caba-
doide............ 1
A Lagiosa.......... 1
A Celorico......... 3

(*Suivez de-là la route* indiquée par *Ciudad-Rodrigo à Lisbonne, pag. 26 et 27.*)

56 $\frac{1}{2}$ — A LISBONNE. 51 $\frac{1}{2}$

DE LA GUARDA *à* PORTO (*au nord-ouest*), 26 *l.*

De la Guarda à Ponte do
Ladrão........... 2
A Quinta dos Vermelhos. 1
A Maceira.......... 2
A Antas........... 1
A Souto da Vide...... 1
A Castendo......... 1
A Bacini........... 1
A Cavernais........ 1
A Lustosa.......... 2
A São Pedro do Sul.... 2

A Trapa............ 1
A Ponte dos Ovos..... 1
A Manhouce......... 1
A Gestoso.......... 1
A Marujal.......... 1
A Africana.......... 1
A Cabezais.......... 1
A São Vicente....... 1
A Terreiro......... 1
A Carvalhos........ 1
26 — A PORTO........ 2

DE LA GUARDA *à* LAMEGO, 14 *l.*

De La Guarda à Caba-
doide............ 1
A Ponte do Ladrão.... 1

A Forno-Telheiro..... 1
A Aldea-Nova........ 1
A Cariz............ 1

. A Eirado	1	A Alvito	2
. A Aguiar da Beira	1	A Mondim	1
. A Quintella	1	A Britiande	1
. A Ariz	1	14 — A LAMEGO	1

DE LA GUARDA à TORRE DE MON-CORVO, 12 *l.*

De La Guarda à Reca-monde	1	A Venda da Barriga	1
A Avelãs da Ribeira	1	A Marvão	1
A Alverca	1	A Villanova de Fescoa	1
A Cerejo	1	A Rio-Douro	1
A Cotimos	1	*Douro , rivière.*	
A Coriscada	2	12 - à TORRE DE MONCORVO	1

DE LA GUARDA à CASTELLO-BRANCO (*au midi*), 14 *l.*

De la Guarda à Vendas da Velha	2	A Quartão	2
A Belmonte	2	A Atalaia	1
A Caria	1	A Lardosa	1
A Pera-Boa	1	A Alcains	1
A Capinha	2	14 - A CASTELLO-BRANCO	1

DE LA GUARDA à COVILHÃ, 6 *l.*

De La Guarda à Vendas da Velha	2	A Teixoso	1
A Belmonte	2	6 — A COVILHÃ	1

DE LA GUARDA à FUNDÃO, (au sud-est), 9 l.

De La Guarda à Vendas da Velha......... 2	A Caria............. 1
A Belmonte......... 2	A Ferro............ 1
	9 — A FUNDÃO....... 3

DE LA GUARDA à SABUGAL, 5 l.

De La Guarda à Panoios. 1	A Val-Mourisco......... 1
A Adão.............. 1	5 — A SABUGAL....... 1
A Pega.............. 1	

DE LA GUARDA à MANTEIGAS, 6 l.

De La Guarda à Curugeira............ 1	A Val de Moreira..... 1
A Famelicão......... 1	A Sameiro........... 1
A Vallellas........... 1	6 — A MANTEIGAS..... 1

DE LA GUARDA à PENA-MACOR, 9 l.

De La Guarda à Panoios. 1	A Val de Lobo....... 1
A Santa Anna........ 1	A Meimoa........... 1
A Pousa-Foles....... 1	A Santo André....... 1
A Agoas-Bellas...... 1	9 — A PENA-MACOR... 1
A Urgeira........... 1	

DE LA GUARDA à ALFAIATES (à l'est), 6 l.

De La Guarda à Villa-Mendo............ 2	A Rapoula de Coa..... 1
A Marmeleiro........ 1	A Nave............. 1
	6 — A ALFAIATES..... 1

DE LA GUARDA *à* VILLAR-MAYOR (*à l'est*), 5 *l.*

De la Guarda à Villa-Fernando............ 2	A Ponte de Sequeiros... 1
A Monte-Margarida.... 1	5.— A VILLAR-MAYOR.. 1

DE LA GUARDA *à* LINHARES, 3 *l. et à* VILLA DE CEA, 7 *l.*

De La Guarda à Misarelha. 1	A Villa de Gouvea.... 1
A Prados............ 1	A Villa de S. Marinha.. 1
3 — A LINHARES...... 1	7 — A VILLA DE CEA... 1
A Villa de Mello...... 1	

DE LA GUARDA *à* COIMBRE, 22 *l.*

De La Guarda à Feya... 1	A Chamusca.......... 1
A Lagiosa........... 1	A Gallizes.......... 1
Mondego, rivière.	A Venda do Porco.... 1
	A Venda do Valle..... 1
A Celorico.......... 1	A Moita........... 1
A Corticó.......... 1	A Pocos........... 1
A Villa-Cortez...... 1	A Ponte da Murcella... 1
A Sampaio......... 1	A Santo André........ 1
A Vinhó........... 1	A Algacia........... 1
A Pinhancos........ 1	A Carvalhos......... 1
A Maceira.......... 1	A Torres.......... 1
A Torrozello......... 1	22 — A COIMBRA...... 1

DE GOUVEA *à* LISBONNE, (*au nord-est*), 47 *l.*

De Gouvea à Lagarinhos. 1	A Ervedal........... 2
A Seixo............ 1	A Oliveira do Conde... 1

A Carregal.	1	A Venda do Gallego.	1
A Guarita.	1	A Venda dos Machados.	1
A Cancella.	1	28 — A Leyria.	2
A S. Combadão.	1	A Batalha.	1
A Ponte do Criz.	1	A São Jorge.	1
A Mortagoa.	2	A Aljubarrota.	1
A Mealhada.	3	A Alcobaça.	2
16 — A Coimbra.	1	A Truquel.	1
A Cruz dos Moroissos.	1	A Rio-Mayor.	1
A Cernache.	1	A Espinhaço de Cão.	1
A Condeixa.	3	A Otta.	1
A Redinha.	1	A Castanheira.	2
A Venda do Diabo.	1	47 — A Lisbonne.	8
A Pombal.	1	(*Voy. pag.* 20.)	

AUTRE CHEMIN *pour les muletiers et gens à cheval*, 46 *l.*

De Gouvea à Lagarinhos.	1	48 — A Lisbonne.	43
A Santa Comba.	1	(*Voyez la route indiquée*	
A Maceira.	1	*de Ciudad-Rodrigo à Lis-*	
A Torrozello.	1	*bonne, pag.* 26 *et* 27).	
A Chamusca.	1		

DE GOUVEA *à* VISEU (*au nord*), 6 *l.*

De Gouvea à Contensas.	2	*Mondego,* rivière.	
A Mesquitela.	1	A Tagilde.	1
A Mangoalde.	1	6 — A Viseu.	1

DE GOUVEA *à* PINHEL, 8 *l.*, *et à* ALMEIDA, 12 *l.*

De Gouvea à Villa-Cortez.	1	A Corticó.	1
A Carrapichana.	1	A Celorico.	1

Maçal.	1	A Pereiro.	1

Mondego, rivière. · *Coa*, rivière.

Baraçal.	1	A Carvalhal.	1
Souto-Pires.	1	A Valverdinho.	1
— A Pinhel.	1	12 — A Almeida	1

De COIMBRE à VISEU (*au nord-est*), 13 *l.*

De Coïmbre à Eiras. . . .	1	A Criz.	1
Botão.	1	A Cazal de Maria.	1
Galhano.	1	A São Joaninho.	1
Santo Antonio do Can-		A Tondelha.	1
taro.	1	A Sabugosa.	1
Freirigo.	1	A Fail.	1
Barril.	1	13 — A Viseu.	1

Communication avec LAPA (*au nord-est*), 19 *l.*

De Coïmbre à Viseu. 13		A Pedrosa.	1
(*Voy. ci-dessus.*)		A Fontainhas	1
		A Outeiro de Ferreira	1 ½
Cavernaes.	1 ½	19 — A Lapa.	1

De COIMBRE à PORTO (*au nord*), 17 *l.*

De Coïmbre à Fornos. . .	1	A Vouga.	1
Carquejo.	1	*Vouga*, rivière.	
Mealhada.	1		
Pedreira.	1	A Albergaria-Nova. . . .	1
Avelãs.	1	A Albergaria Velha. . . .	1
Agoada.	1	A Pinheira.	1
Sardão.	1	A Oliveira de Azemeis. .	1

A Santo Antonio	1	*Douro, rivière.*	
A Souto Redondo	1	17 — A PORTO	1
A Grijó	1		
A Carvalhos	1		

DE COIMBRE *à* AVEIRO, *port à l'embouchure du Vouga (au nord-est), 9 l.*

De Coïmbre à Fornos	1	A Mamarosa	1
A Marcos	1	A Palhaça	1
A Murtede	1	A Salgueiro	1
A Venda-Nova	1	9 — A AVEIRO	1
A Samel	1		

DE COIMBRE *à* MONTEMOR - VELHO, *4 l., et* FIGUEIRA, *à l'embouchure du Mondego (à l'ouest), 7 l.*

De Coïmbre à Faveiro	1	A Mayorga	1
Mondego, rivière.		A Minhoto	1
		7 — A FIGUEIRA	1
A Pereira	1	NOTA. *On peut aller aussi de* COÏMBRE *à* FIGUEIRA *par eau, en descendant le* MONDEGO.	
A São Barão	1		
4 — A MONTEMOR-VELHO	1		
Mondego, rivière.			

DE COIMBRE *à* LISBONNE, *par* LEYRIA *(au midi), 34 l.*

De Coïmbre à Condeixa	2	10 — A LEYRIA	2
A Porto Coalheiro	2	A Batailha	2
A Redinha	2	A Carvalhos	2
A Pombal	2	A Laranjo	2

A Venda da Costa.	2	A Villafranca.	1
A Tagarro.	3	A Alhandra.	1
A Otta.	2	A Alverca.	1
A Moinho-Novo.	2	A Povoa.	1
A Castanheira.	1	A Sacaven.	1
A Povos.	1	34 — A LISBONNE.	2

Autre chemin de COIMBRE *à* LISBONNE
(*qui est mauvais en hiver*), 33 *l.*

De Coïmbre à Venda do Cego.	1	A Espraganal.	1
A Alcadebeque.	1	A Golegã.	1
A Fonte-Coberta.	1	A Almonda.	1
A Rabaçal.	1	A Ponte de Alviella.	1
A Junqueira.	1	A Lagar.	1
A Ancião.	1	A Santarem.	1
A Gaita.	1	A Cartaxo.	2
A Arneiro.	1	A Azambuja.	1
A Perucha.	1	A Villa-Nova.	1
A Rio de Couros.	1	A Castanheira.	1
A Chão de Maçãs.	1	33 — A LISBONNE.	8
A S. Lourenço.	1		
A Paialvo.	1		
A Lamarosa.	1		

(*Voyez ci-dessus, route de Coïmbre à Lisbonne par Leyria.*)

DE VISEU *à* AVEIRO (*à l'ouest*), 11 *l.*

De Viseu à Cruz-alta.	1	A Ferreiros.	1
A São Miguel de Outeiro.	1	A Arrancada.	1
A Portelha.	1	A Palhaça.	1
A Monte-Tezo.	1	A Fixo.	1
A Urgeira.	1	11 — A AVEIRO.	1
A Cabeça de Cão.	1		

D'AVEIRO *à* VOUSELLA (*à l'est*), 9 *l.*

D'Aveiro à Palhaça	2	A Bem-feitas	1
A Arrancada	1	A Ponte-fora	1
A Ferreiros	1	A Santiaguinho	1
A Talhadas	1	9 — A VOUSELLA	1

(Ici on quitte le chemin de Viseu).

D'AVEIRO *à* PORTO (*au nord*), 10 *l.*

D'Aveiro à Ovar (en bateau)	5	A Cortegaça	1
		A Paramos	1
		A Corvo	1
		A Chamorro	1
		10 — A PORTO	1

(On navigue dans le VOUGA *qui a son embouchure à la barre d'Aveiro.)*

AUTRE CHEMIN D'AVEIRO *à* PORTO (*toujours par terre*), 10 *l.*

D'Aveiro à Angeja	1	A Ponte-Nova	1
Vouga, rivière.		A Cortegaça	1
		A Paramos	1
A Salteu	1	A Corvo	1
A Santiães	1	A Chamorro	1
A Vanca	1	10 — A PORTO	1

D'AVEIRO *à* LISBONNE (*au midi*), 42 *l.*

D'Aveiro à Esgueira	$^1/_2$	A Camarneira	1
A Salgueiro	$^1/_2$	A Castanhede	1
A Palhaça	1	A Villa-Nova	1
A Mamarosa	1	A Tentugal	1

A Pereira. 1

Mondego, rivière.

A Fermozelhe. 1
A Villa-nova de Anços. . . 1
A Casas-Velhas. 1
A Almagreira. 1
A Crespos. 2

A Machados. 3
18 — A LEYRIA 1
42 — A LISBONNE. 24

(*Voyez la route de Coïmbre à Lisbonne par Leyria, p. 34*).

D'ALMEIDA *à* LAMEGO , *par* GOUVEA *et* VISEU (*à l'ouest*), 27 *l.*

D'Almeida à Gouvea. . . 12

(*Voyez p. 32 et 33.*)

18 — A VISEU. 6

(*Voyez p. 32.*)

De Viseu à Campo . . . 1
A Ponte do Almargem. 1
A Rio de Mel. 1
A Mamouros. 1
A Castro-Dairo. 1
A Senhora da Ouvida . . 1

A Bigorne. 1
A Cruz da Camareira . . 1
27 — A LAMEGO. 1

Nota. *Il est bon de prévenir que la route directe et sans détour d'Almeida à Lamego est par Moimenta, et n'a que 16 l. ¼* (*Voyez p. 26.*)

DE LAMEGO *à* MOIMENTA (*à l'est*), 4 *l.*

De Lamego à Ferreirim. 1
A Granja-Nova. 1

A Sarzedo. 1
4 — A MOIMENTA DA BEIRA. 1

DE LAMEGO *à* BRAGA (*au nord*), 14 *l.*

De Lamego à Santiaguinho 1
A Mezãofrio. 1

Douro, rivière.

A Teixeira. 1
A Carneiro. 1
A Ovelha. 1

C

A Amarante. 1	A Guimarães. 1
Tamega , rivière.	A Estalagem do Rio. . . . 1
A Lixa. 1	*Ave* , rivière.
A Deveza da Escorva. . . . 1	A Os quatro Irmãos. 1
A Pombeiro. 1	14 — A BRAGA. 1
Venda da Serra. 1	
(*Montagne de Santa Ca-*	
tharina.)	

DE LAMEGO *à* PORTO (*à l'ouest*) , 16 *l.*

De Lamego à Teixeira . . . 3	*Petit ruisseau.*
Douro , rivière.	A Paredes. 1
(*Voy.* page 37.)	A Balthar. 1
	A Ponté-Ferreira. 1
A Carrasqueira. 1	*Autre ruisseau.*
A Venda da Giesta.. 2	A Val-longo. 1
A Canavezes. 1	A Venda-Nova. 1
Tamega, rivière , P.	*Douro* , rivière.
A Arrifana de Sousa.. . . . 3	16 — A PORTO. 1

DE LAMEGO *à* VILLA-REAL (*dans le Traz-os-Montes*) , 4 *l.*

De Lamego à Pezo da Re-	A Comicira. 1
goa. 1	4 — A VILLA-REAL. 1
A Santa Martha. 1	
Douro , rivière.	

De LAMEGO à LAPA, 6 _l._

De Lamego à Mós......	1	A Lamosa...........	2
A Mondim..........	1	6—A LAPA.........	1
A Alvite..........	1		

De LAMEGO à VOUSELLA (_à l'ouest_), 7 _l._

De Lamego à Povoa.....	1	A Alva...........	1
A Figorne..........	1	A Cobertinha........	1
A Colho de Pito.......	1	7—A VOUSELLA......	1
A Castro-Dairo.......	1		

De LAMEGO à COIMBRE, 19 _l._

De Lamego à Vousella..	7	A Agoada..........	1
(_Voyez la route ci-dessus._)		A Sardão..........	1
		A Avelãs..........	2
A Santiaguinho........	1	A Mealhada.........	1
A Ponte-Fora........	1	A Fornos..........	2
A Talhadas.........	1	19—A COIMBRE......	1
A Ferreiros.........	1		

De LAMEGO à ALMEIDA, _par_ MOIMENTA, 16 _l._ $\frac{1}{4}$

De Lamego à Moimenta..........	4 $\frac{1}{4}$	A Cotimos..........	1
		A Santa Eufemia.......	1
A Villa da Rua.......	1	A Valbom..........	1
A Villa da Ponte.....	1	A Pinhel..........	1
A Sarzeda.........	1	A Pereiro..........	1
A Torrinha........	1	A Valverde.........	1
A Mercirinhas.......	1	16 $\frac{1}{4}$—A ALMEIDA....	1

DE MOIMENTA à TORRE DE MONCORVO
(*dans le Traz-os-Montes*), à l'est, 9 *l.*

De Moimenta à Fonte-Arcada. 1	A Sedavalle. 1
A Chuzendo. 1	A Freixo de Nemão. . . . 1
A Penedono. 1	A Barca do Pocinho. . . . 1
A Villa de Ranhados. . . . 1	*Douro*, rivière.
A Sedavim. 1	9—TORRE DE MONCORVO. . 1

DE MOIMENTA à PORTO, 20 *l.* $\frac{1}{4}$.

Voyez la route d'Almeida à Porto, pag. 26.

DE MOIMENTA à VILLA-REAL
(*au nord*), 8 *l.*

De Moimenta à Contim. . 1	*Douro*, rivière.
A Goujim. 1	
A Villa-Secca. 1	8—A VILLA-RÉAL (*Traz-os-Montes*). 3
A Folgosa. 1	
A Galafulha. 1	

DE MOIMENTA à BRAGA (*au nord*), 18 *l.* $\frac{1}{4}$

De Moimenta à Lamego. . . . . 4 $^{1}/_4$	18 $^1/_4$ — A BRAGA. . . 11
A Teixeira. 3	(*Voyez la route de Lamego à Braga, p.* 37.)
Douro, rivière.	

DE MOIMENTA *à* S. JOÃO DE PES-QUEIRA (*au nord*), 6 *l.*

De Moimenta à Guedieiros. 1	A Villa de Trovões. 1
A Paredes da Beira 1	6 — A São João DE PES-QUEIRA. 3

DE MOIMENTA *à* VISEU (*au midi*), 7 *l.*

De Moimenta à Granja de Paiva. 1	A Fontainhas. 1
A Segões 1	A Pedrosa. 1
A Lamas. 1	A Cavernaes. 1
	7 — A VISEU. 1

DE MOIMENTA *à* TRANCOSO, 6 *l.*

De Moimenta à Villa da Rua. 1	A Bemvende. 1
A Garajal. 1	A Rio de Mel. 1
A Ponte do Abade. 1	6 — A TRANCOSO. 1

DE TRANCOSO *à* PINHEL, 4 *l.*, *et* CASTEL-RODRIGO (*à l'est*), 7 *l.*

De Trancoso à Amial. . . 1	4 — A PINHEL. 1
A Povoa. 1	A Villar-Torpim. 2
A Valbom. 1	7 — A CASTEL-RODRIGO. . 1

DE PINHEL *à* LA GUARDA (*au sud*), 5 *l.*

De Pinhel à Aldea-Nova. 1	A Rapoula. 1
A Freixadas. 1	5 — A LA GUARDA. 1
A Carvalhal. 1	

De PINHEL à ALMEIDA (*à l'est*), 3 *l.*

De Pinhel à Pereiro..... 1
A Valverde........... 1

3 — A ALMEIDA......... 1

De CASTELLO-BRANCO à LISBONNE, *par* ABRANTES (*à l'ouest*), 37 *l.*

De Castello - Branco à
   Cervadas.......... 3
A Perdigão.......... 2
A Vendas-Novas...... 3
A Mação............ 2

14 — A ABRANTES· 4
37 — A LISBONNE...... 23
(*Voyez la route indiquée, p. 28.*)

De CASTELLO-BRANCO à COVILHÃ (*au nord*), 11 *l.*

De Castello - Branco à
   Alcains............. 3
A Alpedrinha......... 3

A Comporta.......... 1
A Fundão............ 1
11 — A COVILHÃ....... 3

De SALVATERRA à CASTELLO-BRANCO, 9 *l.* $\frac{1}{2}$.

De Salvaterra à Ce-
   bredo........... 2
A Idanha-Nova..... 3 $\frac{1}{2}$

$9\frac{1}{2}$ — A CASTELLÓ-BRAN-
   co............... 4

AUTRE CHEMIN *plus court.*

De Salvaterra à Cebredo. 2
A Adeiro........... 3

Aranvila, rivière.

A Santa Catharina..... 1
Ponzul, rivière.
9 — A CASTELLO-BRANCO.. 3

AUTRE CHEMIN.

De Salvaterra à Idan-ha-Velha........ 3	A Idanha-Nova .... 1 $\frac{1}{2}$
A Alcafoxes........ » $\frac{1}{2}$	8 $\frac{1}{4}$ — A Castello-Branco........ 4

ESTRAMADURE.

Cette province est bornée au nord par *la Beira*; au midi par l'*Alemtejo*, qui en est séparé par le *Tage*; à l'ouest par l'*Océan*. Elle a 26 lieues de long sur 14 à peu près de large.

Le *Tage* en est la rivière la plus considérable.

Les villes principales sont :

Abrantes, sur le *Tage*, ville assez considérable et un peu fortifiée.

Alenquer, petite ville sur une élévation près d'une petite rivière qui se jette dans le *Tage*.

Alcacer do Sal, sur la rivière *Cadão*; est défendu par un château très-fort.

Aldea Gallega, sur le *Tage*, petite ville en face de *Lisbonne*.

Alcobaça, petite ville.

Alhandra, petite ville.

Almada, petite ville sur le *Tage*, près de son embouchure.

Alouguia, petit port de mer défendu par un château.

Azeitão, petite ville.

Caldas, petite ville près de la mer, re-nommée pour ses bains.

Cascaes, port de mer fortifié.

Cintra, petite ville, dont l'air passe pour être le meilleur du Portugal.

Collares, petite ville.

Figueira dos Vinhos, petite ville sur la rivière *Aiso*, qui se jette dans le *Zezere*.

Leyria, ville épiscopale, dans une plaine sur la rivière de *Liz*, est défendue par un château situé sur une éminence.

Lisbonne, capitale du royaume, sur le

Tage, avec un excellent port défendu par la tour de *Saint-Julien*, par celle de *São Lourenço*, ou le fort du *Bugio*, placée au milieu de la barre.

Mafra, maison royale.

Ourem, petite ville.

Pederneira, port peu considérable.

Peniche, bon port de mer défendu par une forte citadelle.

Pombal, petite ville.

Punhete, petite ville, à l'embouchure du *Zezere* dans le *Tage*.

Redendo, petite ville.

Redinha, petite ville.

Salvaterra, sur la rive gauche du *Tage*, petite ville, avec une maison royale.

Santarem, sur le *Tage*, a un ancien château, avec quelques fortifications médiocres.

Santiago de Cacem, petite ville.

Sardoal, petite ville.

Setubal, à l'embouchure du *Rio Sar-*

dão, bon port de mer, est assez bien fortifié, et défendu par le fort *Saint-Philippe* qui domine la ville.

Soure, petite ville, sur la rivière du même nom.

Thomar, chef-lieu de l'ordre du Christ, petite ville dans une belle plaine.

Torres-Novas, ville assez considérable et fortifiée, située dans une plaine fertile, sur la rivière *Almonde* qui se jette dans le *Tage*.

Torres-Vedras, près de la rivière de *Sizandro* qui se jette dans la mer, est une des plus anciennes villes du royaume ; elle est défendue par un château.

Villa-Franca de Xira, sur le *Tage*, petite ville.

Nota. *Pour connaître les communications de la* Castille *avec cette province, il faut consulter celles qui sont tracées dans la* Beira, *depuis* Ciudad-Rodrigo *et* Almeida, *et celles qu'on trouvera dans* *l'*Alemtejo, *par* Aldea Gallega *de l'autre côté du* Tage *, qui est le lieu où l'on aboutit en venant de* Badajoz *à* Lisbonne*. Par ce motif, nous avons cru devoir réunir à la province d'*Estramadure *celle d'*Alemtejo *, pour rendre plus facile à comprendre la communication des routes de ces deux provinces.*

ALEMTEJO.

Cette province, qui tire son nom de sa situation au-delà de la rive méridionale du *Tage*, confine au nord avec l'*Estramadure Portugaise* et la *Beira*, à l'est avec l'*Estramadure Espagnole*, au midi avec l'*Algarve*, et à l'ouest avec l'*Océan*.

L'*Alemtejo* renferme un certain nombre de places.

Les villes principales sont :

Almodovar, petite ville.

Arronches, entre *Campo-Maior* et *Por-talegre*, est situé sur une élévation. Ses fortifications sont médiocres.

Aviz, petite ville, chef-lieu de l'ordre militaire de ce nom.

Beja, ville assez considérable, sur les bords d'un petit lac de même nom.

Beringel, petite ville, près de *Beja*.

Cabeça de Vide, petite ville défendue par une bonne forteresse.

Campo-Maior, à une lieue du *rio Caia*, est une place fortifiée à la moderne, défendue par le fort *São João* situé sur une élévation.

Castello de Vide, petite ville avec de bonnes fortifications.

Castro-verde, sur la rivière de *Corbes* qui se jette dans la *Guadiana*.

Crato, petite ville.

Elvas, place forte, la meilleure du Portugal, est défendue par un excellent château.

Estremóz, ville assez bien fortifiée.

Evora, capitale, archevêché, entourée d'une ancienne muraille, et défendue par le fort *Santo Antonio*.

Evoramonte, petite ville située sur un rocher.

Mertola, sur la *Guadiana*, ville ancienne et fortifiée.

Moncarus, sur la *Guadiana*, petite ville.

Montemor-Novo, sur la rivière de *Canha*, jolie petite ville.

Moura, au milieu d'une grande plaine, sur les bords des ruisseaux de *Lavandeiras* et de *Brenhas*, a de médiocres fortifications.

Mourão, sur une hauteur, près de la rive orientale de la *Guadiana*.

Niza, petite ville à l'extrémité nord de la province.

Odemira, petite ville sur la rivière de même nom.

Olivença, de l'autre côté de la *Guadiana*, place assez importante, réunie à *l'Estramadure Espagnole* par le traité de paix de 1801.

Ourique, petite ville célèbre par la ba-
taille qu'Alphonse premier gagna sur les
Maures en 1149.

Portalegre, situé sur une hauteur, est
défendu par les forts *S. Christoval*, *Santa
Anna*, et *S. Pedro*.

Redondo, petite ville.

Serpa, ville forte, à une lieue de la *Guadiana*, située sur une éminence presque
inaccessible.

Sines, petit port de mer.

Viana, petite ville, sur la rivière d'*Exatrama* qui se jette dans le *Cadão*.

Vidigueira, petite ville.

Villaviçosa, petite ville médiocrement
fortifiée.

Les rivières qui arrosent l'*Alemtejo* sont
peu considérables à l'exception du *Tage* et
de la *Guadiana*, et on peut les considérer
comme des ruisseaux qui sont presque toujours à sec en été : tels sont les *rios Abri-
longo*, *Alcarapinha*, *Alcarabiça*, *Al-
carrache*, *Algalé*, *Anheloura*, *Ara-*

menho, Avis, Benabila, Bonafide, Bo-
noba, Cabaça, Caia, Caiola, Campilhas,
Canha, Carreiras, Cobrinhas, Corbes,
Corona, Dejebe, Detenza, Exatrama,
Erra, Ervedal, Figueiro, Fonte-Boa,
Gallego, Garavia, Guadiana, Laira,
Lamarosa, Leza, Limas, Lixosa, Luce-
feci, Machede, Marateca, Mourinho,
Niza, Odemira, Odivelas, Odivor, Pe-
ramanca, Regulvo, São Romão, Sar-
razolha, Sedão, Sever, Severa, Sor,
Sorraia, Taleigão, Tejo, Tera, Terges,
Vidigão, Xever, Xevora, Zata.

Les montagnes principales sont : *Ossa,
Caldeirão, Portalegre, Montemuro* et
Marvão.

ROUTES.

DE BADAJOZ (*Espagne*) à LISBONNE, 33 *l.*

De Badajoz à Elvas.... 3	A Estremóz.......... 2
A Alcrayiças........... 4	A Venda do Duque.... 3

(52)

A Arrayolos.	3	A Rilvas.	2
A Montemor-Novo.	3	A Aldea-Gallega.	3
A Silveiras.	2	*Tage, rivière.*	
A Vendas-Novas.	2		
A Pegões.	3	33 — A LISBONNE, *par eau*.	3

D'ELVAS *à* PORTALEGRE (*au nord*), 8 *l.*

D'Elvas à Santa-Olaia.	3	8 — A PORTALEGRE.	3
A Assumar.	2		

AUTRE ROUTE.

D'Elvas à Campo-Maior.	3	11 — A PORTALEGRE.	4
A Arronches.	4		

DE PORTALEGRE *à* ALCANTARA, 12 *l.*

De Portalegre à Valencia de Alcantara.	4	A Membrio	4
		12 — A ALCANTARA.	4

D'ALCANTARA *à* LISBONNE, 44 *l.*

D'Alcantara à Portalegre	12	A Estremóz.	4
(*Voyez la route indiquée ci-dess.s*).		44 — A LISBONNE.	24
A Monforte.	4	(*Voyez le chemin de Badajoz à Lisbonne, pag. 51.*)	

DE BADAJOZ *à* EVORA, 15 *l.*

De Badajoz à Elvas.	3	A Evoramonte.	2
A Estremóz.	6	15 — A EVORA.	4

(53)

D'EVORA *à* PORTALEGRE, 14 *l.*

D'Evora à Souzel...... 7 | 14 — A Portalegre.... 5
A Fronteira.......... 2 |

D'EVORA *à* CAMPO-MAIOR, 14 *l.*

D'Evora à Estremóz.... 6 | A Campo-Maior....... 8

D'EVORA *à* OLIVENÇA, 12 *l.*

D'Evora à Androal..... 7 | 12 — A Olivença..... 2
A Jurumenha......... 3 | *Guadiana,* rivière.

D'EVORA *à* MOURÃO, 8 *l.*

D'Evora à Vendinha.... 5 | *Guadiana,* rivière.
A Reguengo.......... 1 | 8 — A Mourão....... 2

D'EVORA *à* MOURA, 11 *l.*

D'Evora à São Miguel do | A Alqueva........... 2
  Machede........... 1 | A Rio Guadiana....... 2
A Monte de Trigo..... 3 | 11 — A Moura....... 2
A Amieira.......... 2 |

D'EVORA *à* SERPA, 12 *l.*

D'Evora à Coelheiros... 3 | A Vidigueira......... 2
A Benalberge........ 2 | 12 — A Serpa........ 5

D'EVORA *à* BEJA, 11 *l.*, *et à* MERTOLA, 20 *l.*

D'Evora à Aguiar...... 4 | A Agoa de Peixes...... 1

A Villa Ruiva......... 1		*Garavia, Terges et Corbes*,	
A Cuba............ 1		rivières.	
11 — A BEJA......... 3			
A Valcovo.......... 8		20 — A MERTOLA...... 1	

D'EVORA *à* GARVÃO, 18 *l.*

D'Evora à Aguiar...... 4	A Aljustrel............ 2
A Viana............ 1	
A Villanova de Alvito... 1	*Roxo*, rivière.
A Ferreira de Aves.... 3	A Defeza............ 3
A Longueiros......... 2	18 — A GARVÃO....... 2

D'EVORA *à* LISBONNE, 20 *l.*

D'Evora à Patalim... 2 $\frac{1}{2}$	(*Voyez le chemin de*
A Montemor-Novo.. 2 $\frac{1}{2}$	*Badajoz à Lisbonne*,
20 — A LISBONNE.. 15	*page* 51).

D'EVORA *à* SETUBAL, 16 *l.*

D'Evora à Montemor-Novo............. 5	A Silveiras........... 2
	16 — A SETUBAL...... 9

D'EVORA *à* ALCACER DO SAL, 9 *l.*

D'Evora à Torre de Gesteira............. 2	A Rio Mourinho.... 2 $\frac{1}{2}$
A Santiago do Escoiral.. 2	9 — A ALCACER DO SAL. 2 $\frac{1}{2}$

D'EVORA *à* ALMADA, *en face de Lisbonne, de l'autre côté du Tage,* 22 *l.*

D'Evora à Montemor-Novo............. 5	A Silveiras........... 2
	A Vendas-Novas....... 2

▲ Agoas de Moura..... 3	22 — A Almada......... 7
▲ Palmelha.......... 3	

De LISBONNE à COIMBRE, 34 *l.*, et à PORTO, *par* Leyria (*au nord*), 53 *l.*

De Lisbonne à Sacavem. 2	A Porto-Coalheiro..... 1
A Alverca........... 2	A Cartaxo........... 1
A Alhandra.... 1	A Condeixa.......... 1
A Villafranca........ 1	34 — A Coimbre....... 2
A Povos............ 1	A Fornos........... 1
A Castanheira........ 1	A Carquejo.......... 2
A Moinho-Novo....... 1	A Mealhada......... 1
A Otta............. 1	A Pedreira......... 1
A Tagarro.......... 1	A Avelãs.......... 1
A Venda da Agoa..... 1	A Agoada.......... 1
A Venda da Palhoça.... 1	A Sardão.......... 1
A Venda da Costa..... 1	A Rio Vouga........ 1
A Candieiros........ 1	A Albergaria-Nova..... 1
A Muliano.......... 2	A Albergaria-Velha.... 1
A Venda dos Carvalhos.. 2	A Pinheira.......... 1
A São Jorge......... 1	A Oliveira de Azemeis.. 1
22 — A Leyria....... 2	A Santo-Antonio...... 1
A Venda dos Machados. 1	A Souto-Redondo...... 1
A Venda do Gallego... 1	A Grijó........... 1
A Venda da Bouça..... 1	A Carvalhos......... 1
A Venda-Nova........ 1	
A Pombal.......... 1	*Douro*, rivière.
A Redinha.......... 2	53 — A Porto........ 2

Nota. *En suivant cette route, on s'écarte peu des bords de la mer.*

De LISBONNE à TORRES-VEDRAS (*au nord*), 7 *l.*

De Lisbonne à Lumiar. 1	A Loures............ 1

A Cabeça de Montachique. 1
A Povoa. 1
A Enxara dos Cavalleiros. 1

A Cadraceira. 3
7 — A TORRES-VEDRAS. . . 1

De TORRES - VEDRAS à CALDAS (au nord), 6 *l.*

De Torres-Vedras à Ra-
malhal. 1
A São Gião. 1
A N. S. da Misericordia. 1

A Azambujeira. 1
A Obidos. 1
6 — A CALDAS. 1

De TORRES-VEDRAS à MAFRA, *maison royale*, 3 *l.*

De Torres à Azueira. . . . 1
Petit ruisseau.

A Gradil. 1
3 — AU COUVENT DE MAFRA 1

De TORRES-VEDRAS à ALENQUER, 4 *l.*

De Torres à Serra de S.
Julião. 1
A Aldea-Gallega da Mer-

ciana. 1
A Espizandeira. 1
4 — A ALENQUER. 1

De TORRES-VEDRAS à PENICHE, 4 *l.*

De Torres à Ponte de Villa-
Faccya. 1
A Lourinhão. 1

A Cruz de Lagoa. 1
4 — A PENICHE 1

De TORRES-VEDRAS à ERICEIRA, 3 *l.*

De Torres à Ponte do Rol. 1
A Labogeira. 1

3 — A ERICEIRA. 1

De TORRES-VEDRAS à CADAVAL, 4 *l.*

De Torres à Ramalhal... 1	Cunha............. 1
à Cabeça do Bombartal. 1	4 — A CADAVAL....... 1
à Venda de Fernão da	

De LISBONNE à MAFRA, 6 *l.*

De Lisbonne à Loures... 2	A Abrunheira......... 1
à Cabeça de Montachique. 1	6 — A MAFRA........ 1
à Linheiro da Seiceira... 1	

De LISBONNE à ALENQUER, 7 *l.*

De Lisbonne à Campo-Grande............ 1	A Bucellas.......... 3
	7 — A ALENQUER...... 3

AUTRE ROUTE *plus longue que la précédente*

De Lisbonne à Sacavem. 2	A Castanheira........ 4
à Alverca........... 2	10 — A ALENQUER..... 2

De LISBONNE à CALDAS (*au nord*), 14 *l.*

De Lisbonne à Enxara.. 5	A Torres........... 2
(*Voyez la route de Lisbonne à Torres-Vedras, pag.* 55).	A S. Gião........... 2
	A Azambujeira....... 2
	A Olidos........... 1
A Mata da Guerra..... 1	14 — A CALDAS, *près de la mer*............ 1

AUTRE ROUTE.

De Lisbonne à Otta... 10	A Cercal............ 2
(*Voyez la route de Lisbonne à Porto, p.* 55).	A Sancheira......... 2
	15 — A CALDAS....... 1

DE CALDAS *à* LEYRIA (*au nord*), 9 *l*

De Caldas à sabir do Mato. 1	A Aljubarrota.........
A Charnais........... 1	A Cruz da Legoa......
A Valbom........... 1	A Batalha...........
A Alcobaça.......... 1	9 — A Leyria........ :

DE CALDAS *à* SANTAREM, *sur lé Tage*, 7 *l.*

De Caldas à Fanadia.... 1	A Malhaqueijo........ 1
A Mata de Albergaria.. 1	A Pero-Filho......... 1
A Rio-Maior......... 1	7 — A Santarem...... 1
A Escusa........... 1	

DE CALDAS *à* PENICHE, 4 *l.*

De Caldas à Obidos.... 1	*source à Brejos, et se jette*
A Furadouro......... 1	*dans l'Océan.*)
A Mouguia da Balea.... 1	4 — A Peniche........ 1
(*Petit ruisseau qui prend sa*	

DE LISBONNE *à* LEYRIA (*au nord*), 22 *l.*

(*Voyez le chemin de Lisbonne à Porto, page 55.*)

DE LISBONNE *à* COIMBRE, 34 *l.*

(*Voyez même route que ci-dessus, page 55.*)

DE LISBONNE *à* SANTAREM, 14 *l.*

De Lisbonne à Sacavem. 2	A Alverca........... 1
A Povoa........... 1	A Albandra.......... 1

A Villa-Franca	1	A Azambuja	1
A Povos	1	A Cartaxo	2
A Castanheira	1	14 — A Santarem	2
A Villa-Nova	1		

DE SANTAREM *à* COIMBRE (*au nord*), passant par Leyria, 25 *l.*

De Santarem à Tremes	2	A Pombal	4
A Abraham	3	A Redinha	2
A Porto de Mós	3	A Porto-Coalheiro	1
11 — A Leyria	3	A Condeixa	2
A Machados	1	23 — A Coimbre	2

Autre route *sans passer par* LEYRIA.

De Santarem à Golegã	4	21 — A Coimbre	7
A Paialvo	3	(*Voyez le chemin ci-dessus*).	
A Chão de Maçãs	2		
A Cacharias	1		
A Pombal	4		

DE LISBONNE *à* THOMAR, *par* Santarem (*au nord*), 22 *l.*

De Lisbonne à Santarem	14	*Alviella*, ruisseau.	
(*Voyez la route de Lisbonne à Santarem, p.* 58).		A Azinhaga	1
		A Golegã	1
		A Ponte de Pedra	1
		A Val de Tancos	1
A Cruz da Entrada	1	A Guerreira	1
A Alviella	1	22 — A Thomar	1

AUTRE ROUTE *par* PERNES, *mais plus mauvaise que la précédente.*

De Lisbonne à Santarem. 14	A Cibreira............ 1
(*Voy. la route de Lis-*	A Torres-Novas...... 1
bonne à Santarem,	A Pé de Cão........ 1
pag. 58.)	A Paialvo.......... 1
A Pernes.......... 3	22 — A THOMAR....... 1

DE THOMAR *à* ABRANTES (*au midi*), 4 *l.*

De Thomar à S. Pedro.. 1	A Amoreiras........ 1
A Martinchel......... 1	4 — A ABRANTES...... 1

AUTRE ROUTE *en passant le* RIO ZEZERE.

De Thomar à Guerreira. 1	*Zezere,* rivière.
A Monte de Seixo..... 1	A Amoreiras......... 1
A Punhete.......... 1	5 — A ABRANTES...... 1

DE THOMAR *à* LEYRIA, 7 *l.*

De Thomar à Val dos Ovos.............. 1	A Homem-Morto...... 1
A Alcôchete.......... 1	A Sete-Rios.......... 1
A Aldea da Cruz...... 1	7 — A LEYRIA........ 2

AUTRE ROUTE *par* GONDOMAR, *plus mauvaise que la précédente.*

De Thomar à Alcôchete. 2	A Sete-Rios.......... 1
A Pinheiro........... 1	7 — A LEYRIA........ 2
A Gondomar......... 1	

DE THOMAR à COIMBRE, 11 *l.*

De Thomar à Venda-Nova.	1	A Rabaçal.	1
A Ceras.	1	A Fonte-Coberta.	1
A Pereiro.	1	A Alcabedeque.	1
A Albayacere.	1	A Venda do Cego.	1
A Ancião.	1	*Mondego*, rivière, P.	
A Junqueira.	1	11 — A COIMBRE.	1

AUTRE ROUTE *par* PERUCHA, *meilleure en été qu'en hiver.*

De Thomar à Val dos Ovos.	1	A Fulga.	1
A Chão de Maçãs.	1	A Ancião.	1
A Rio de Couros.	1	13 — A COIMBRE.	6
A Perucha.	1	*(Voyez ci-dessus.)*	
A Araeiro.	1		

AUTRE ROUTE *par* CABASO, *plus mauvaise que les précédentes.*

De Thomar à Pereiro.	3	A Venda dos Moinhos.	1
A Cabaso.	1	A Pastor.	1
A Venda do Barqueiro.	1	A Pudentes.	1
A Tejeira.	1	A Chão de Lamas.	1
A Venda das Figueiras.	1	13 — A COIMBRE.	2

DE THOMAR à OUREM (à *l'ouest*), 3 *l.*

De Thomar à Val dos Ovos.	1	A Chão de Maçãs.	1
		3 — A OUREM.	1

D

DE THOMAR à CASTELLO-BRANCO dans la BEIRA, 14 *l.*

De Thomar à Vendas dos Reis. 2	A Cardigos. 2
A Barca. 1	A Corticada. 1
	A Sobreira. 1
Zezere, rivière.	A Monte-Gordo 2
	A Sarcedas. 1
A Val de Reï. 1	14—A CASTELLO-BRANCO. 3

DE LISBONNE à ABRANTES, 23 *l.*

De Lisbonne à Santarem. 14	A Golegã 1
	A Cardiga. 1
(*Voyez la route de Lis-bonne à Santarem, pag.* 58.)	A Tancos. 1
	A Punhete. 1
A Barrocas. 1	*Zezere*, rivière.
A Ponte de Alviella. 1	23—A ABRANTES, *sur le*
A Ponte de Almonda. . . 1	*Tage* 2

D'ABRANTES à CASTELLO-BRANCO (*à l'est*), 14 *l.*

D'Abrantes à Penascoso. 3	A Perdigão 3
A Mação 1	A Amarellos. 3
A Vendas-Novas. 2	14—A CASTELLO-BRANCO. 2

D'ABRANTES à EVORA (*au sud*), 18 *l.*

D'Abrantes à Azedo. . . . 2	A Cabeção. 2
A Ponte do Sor. 3	A Payva 1
A Galveas. 2	A Arrayolos. 3
A S. Margarida. 2	18—A EVORA. 3

AUTRE ROUTE *par* AVIZ.

D'Abrantes à Galveas..... 7	A Casa-Branca......... 2
A Aviz.............. 2	A Vimieiro.......... 2
Aviz, rivière.	A Santa Justa......... 2
	18 — A EVORA......... 3

D'ABRANTES à ESTREMOZ (*au sud-est*), 15 *l.*

D'Abrantes à Ponte do Sor 5	A Cano.............. 2
A Benavilla.......... 3	15 — A ESTREMÓZ...... 3
A Ervedal............ 2	

D'ABRANTES à PORTALEGRE (*à l'est*), 12 *l.*

D'Abrantes à Casa-Branca 3	A Gafete............ 1
A Garvãc. 1	A Lagoa............ 2
A Tolosa 3	12 — A PORTALEGRE..... 2

DE LISBONNE à SETUBAL (*au sud*), 6 *l.*

De Lisbonne à Moita, *par* *mer*.............. 3	A Palmella.......... 2
	6 — A SETUBAL........ 1

AUTRE ROUTE.

De Lisbonne à Alhos-Vedros, *par mer*.. 2 $\frac{1}{2}$	A Olhos da Agoa... 1 $\frac{1}{2}$
	6 — A SETUBAL..... 2

AUTRE ROUTE.

De Lisbonne à Barreiro, *par mer* 2	A Barra-Cheia 1
A Santo Antonio da Char-neca. 1	A Palmella. 1
	6 — A SETUBAL. 1

AUTRE ROUTE.

De Lisbonne à Coina, *par mer*. 3	A Azeitão . . . . 1 $\frac{1}{2}$
	6 — A SETUBAL. . . . . 1 $\frac{1}{2}$

AUTRE ROUTE.

De Lisbonne à Seixal, *par mer*. 2	*Coina, rivière.*
A Coina 1	6 — A SETUBAL. 3

AUTRE ROUTE.

De Lisbonne à Ca-cilhas, *par mer*. . . 1	A Coina. . . . . 1 $\frac{1}{2}$
A Rio del Judio . . . 1 $\frac{1}{2}$	7 — A SETUBAL. 3

DE SETUBAL à MONTEMOR-NOVO
(à l'est), 11 l.

De Setubal à Agoas de Moura. 3	*Cabrelha, rivière.*
A Landeira. 1	A Silveiras. 2
A Cabrelha. 3	11 — A MONTEMOR-NOVO. 2

AUTRE ROUTE.

De Setubal à Espitra. 4 $\frac{1}{2}$	A Silveiras. 2
A Vendas-Novas. . . 2 $\frac{1}{2}$	11 — A MONTEMOR-NOVO. 2

De SETUBAL à ALCACER DO SAL, 7 *l.*

De Setubal à Agoas de Moura............ 3	A Alberges............ 1
A Palma............ 2	7 — A Alcacer do Sal.. 1

De LISBONNE à BADAJOZ, 33 *l.*

Voyez la route de Badajoz à Lisbonne, en rétrogradant, p. 51.

De LISBONNE à ALMEIDA, 59 *l.* $\frac{1}{2}$, *et à* CIUDAD-RODRIGO, 63 *l.* $\frac{1}{2}$

Voyez la route de Ciudad – Rodrigo à Lisbonne, en rétrogradant, p. 26.

De LISBONNE à EVORA, 20 *l.*

De Lisbonne à Aldea Gallega, *par eau*........ 3	A Montemor-Novo.. 2
A Pegões............ 5	A Silveiras......... 2
A Vendas-Novas....... 3	A Pataüm.......... 2 $^1/_2$
	20 — A Evora...... 2 $^1/_2$

DE LISBONNE à BEJA, 22 *l.*

De Lisbonne à Moita.... 3	A Rio Mourinho....... 2
A Palhota............ 2	A Torrão............ 3
A Agoas de Moura..... 3	A Alfundão.......... 4
A Porto-Carvalho...... 2	22 — A Beja......... 3

AUTRE ROUTE.

De Lisbonne à Agoas de Moura............ 8	A Palma............ 2
	A Alberges......... 1

D 2

A Porto del Rei..... 2	A Odivelhas....... 3
A Quinta de Don Ro-	A Alfundão....... ¹/₂
drigo............ ¹/₂	20 — A BEJA...... 3

AUTRE ROUTE.

De Lisbonne à Aldea Gal-	A Montemor......... 2
lega.............. 3	A S. Braz........... 4
A Rilvas............ 2	A Viana............ 2
A Pegões........... 3	A Alvito........... 1
A Vendas Novas...... 3	27 — A BEJA......... 5
A Silveiras.......... 2	

AUTRE ROUTE.

De Lisbonne à Aldea	A Viana.......... 2
Gal ega.......... 3	A Agoa de Peixes.. ¹/₂
A Silveiras.......... 10	A Villa-Ruiva...... 1
	A Cuba.......... 1 ¹/₂
(*Voyez la route ci-*	
dessus.)	*Garavia*, rivière.
A Santiago do Escoiral. 3	27 — A BEJA...... 3
A S. Braz......... 3	

DE LISBONNE à SANTIAGO DE CACEM, 18 *l*.

De Lisbonne à Moita... 3	(*On traverse les mon-*
A Setubal............ 3	*tagnes de Charneca.*)
A Comporta, *par mer*.. 3	
A Melides........... 6	18 — A SANTIAGO DE CA-
	CEM............. 3

Communication avec ODEMIRA.

De Santiago à Sercal... 4	9 — A ODEMIRA....... 5

Autre route de LISBONNE *à* ODEMIRA.

De Lisbonne à Moita... 3	A Alcacer do Sal..... 2
A Marateca........ 5	A Grandola........ 4
Cabrelha, rivière.	*Sudão*, rivière.
A Agoas de Moura..... 2	29 — A ODEMIRA..... 11
A Palma.......... 2	

NOTA. *Dans la route ci-dessus on est obligé de traverser cinq rivières dont une seule a un pont, et les autres ne sont pas guéables en hiver.*

DE LISBONNE *à* ALVITO, 22 *l.*

De Lisbonne à Monte-mor-Novo.........15	*dajoz à Lisbonne, p.* 51.)
(*Voyez la route de Ba-*	A Viana........... 6
	22 — A Alvito........ 1

DE LISBONNE *à* VILLAVIÇOSA, *maison royale,* 26 *l.* $\frac{1}{2}$.

De Lisbonne à Estremóz. 24	*dajoz à Lisbonne, p.* 51.)
(*Voy. la route de Ba-*	26 $^1/_2$ — A Villaviçosa. 2 $^1/_2$

AUTRE ROUTE *par* EVORA.

De Lisbonne à Evora.. 20	A Venda do Redondo... 4
(*Voyez la route de Lisbonne à Evora, p.* 65.)	28 — A VILLAVIÇOSA.... 4

(68)

De VILLAVIÇOSA à PORTALEGRE, 8 *l*.

De Villaviçosa à Mon-
forte.. . . . . 4 | 8 — A Portalegre.. . . . 4

De VILLAVIÇOSA à OLIVENÇA, 5 *l*.

De Villaviçosa à Juru-
menha . . . . 1 ¹/₂ | A Jurumenha.. . . . . . 1 ¹/₂
| 5 — A Olivença. . . . 2

De VILLAVIÇOSA à MOURÃO, 6 *l*.

De Villaviçosa à Alan-
droal. . . . . 1 | A Monsaras. 3
A Terena. . . . . 1 | 6 — A Mourão. 1

De LISBONNE à OURIQUE, 25 *l*.

De Lisbonne à Moita. . . 3 | A Grandola. 6
A Palmella. . . . . 2 | A Alvalade. 5
A Setubal . . . . 1 | 25 — A Ourique. 5
A Comporta. . . . . 3 |

Communication par la route ci-dessus avec MESSEJANA.

De Lisbonne à Alvalade. 20
22 — A Messejana 2

De LISBONNE à MESSEJANA, 20 *l*.

De Lisbonne à Agoas de | A Palma. 2
Moura. . . . . 8 | A Alberges. 1

AA Alcacer do Sal........ 1	A Bairros............ 2
AA Val de Guisio........ 1	A Alvalade.......... 1
AA Nisa............. 3	21 — A MESSEJANA..... 1

AUTRE ROUTE.

De Lisbonne à Alberges............. 11	A Quinta de Don Rodrigo. 2
	A Agoa do Passo....... 1
AA Val de Rei.... » ¹⁄₂	A Figueira dos Cavalleiros. 2
AA Porto de Lama.. » ¹⁄₂	21 — A MESSEJANA..... 4

Communication, par la route ci - dessus, avec FARO *dans l'*ALGARVE.

De Lisbonne à Figueira dos Cavalleiros..... 17	A Sambrana...... 3 ¹⁄₂
	A Ameixial....... 3 ¹⁄₂
AA Aljustrel......... 4	A S. Braz........ 5
AA Castro-Verde..... 3	38 — A FARO..... 2

DE LISBONNE *à* FARO, *par* BEJA, 43 *l.*

De Lisbonne à Beja... 22	A Castro-Verde..... 2
(*Voy. la route de Lisbonne à Beja, p.* 65.)	A Almodovar....... 3
	A Loulé.......... 9
	43 — A FARO........ 2
A Entradas........ 5	

DE LISBONNE *à* FARO, 47 *l.* (*nouvelle route de voitures.*)

De Lisbonne à Moita, *par mer*.......... 3	A Setubal.......... 1
	A Comporta, *par mer*... 3
A Palmella......... 2	A Melides.......... 6

A Santiago de Cacem...	3	37 — A Lagos........	1
A Sercal..........	4	A Alvor..........	1
A São Luiz.........	2	*Rivière.*	
A Sol Posto........	1		
A Odemira.........	1	A Villa - Nova de Portimão..........	1
Odemira , rivière.		A Porxes..........	2
A São Theolonio......	2	A Pera...........	2
A Odeseixas........	2	A São Lourenço de Almancil..........	3
A Aljesur.........	2		
A Bemsafrim........	4	47 — A Faro........	1

ALGARVE.

Cette province est la plus montagneuse, la moins peuplée et la plus méridionale du Portugal.

Elle est bornée au nord par l'*Alemtejo*, à l'est par la *Guadiana*, au sud et à l'ouest par l'*Océan*.

Ses villes principales sont :

Albofeira, petite ville.

Aljesur, petite place non loin de la mer.

Alcoutim, sur la *Guadiana*, est défendu par un château.

Castro-Marim, à l'embouchure de la *Guadiana*, en face d'*Ayamonte*.

Carcella, petit port de mer fortifié.

Faro, ville forte par sa situation sur un endroit escarpé qui la rend de difficile accès.

Loulé, ville assez considérable, défendue par un château et quelques autres fortifications.

Lagos, port de mer, à six lieues du *Cap Saint-Vincent*.

Seixa, petite place sur les bords de la mer.

Silves, sur la rivière de même nom, autrefois évêché, transféré depuis à *Faro*.

Sagres, forteresse sur la pointe de l'Algarve, à une lieue et demie du *Cap Saint-Vincent*.

Tavira, port défendu par deux châteaux en bon état.

Villa-Nova de Portimão, port de mer défendu par les forts de *Santa-Catharina*, et de *S. João*.

Les chemins de cette province sont pénibles à cause des montagnes qu'il faut traverser.

Elle est arrosée par les rivières de *Vascão*, *Lampes*, *Belixari*, *Dodeleite*, *Acequa*, *Val-Fermosa*, *Faro* et *Xilão*.

Nota. Comme cette province est réduite à une série de ports sur la côte méridionale du Portugal, on a cru devoir tracer les chemins qui de chacun d'eux conduisent à *Lisbonne*, et les communications avec *Beja*, *Evora*, *Ayamonte* et *S. Lucar de Guadiana*. Par ce moyen on connaîtra toutes les routes de passage de l'*Algarve* au *comté de Niebla* et à l'*Alemtejo*.

ROUTES.

D'AYAMONTE (*Espagne*) à LAGOS,
par Castro-Marim *et* Tavira, 20 *l.* $\frac{1}{2}$

D'Ayamonte à Castro-
Marim, (*passant la
Guadiana*)...... « $^1/_2$
4 $^1/_2$ — A Tavira. . . 4

Azegua, rivière.

A Moncaparacho . . . 1 $^1/_2$
A Nexe . . . . 2 $^1/_2$
A Pichão. 1
10 — A Faro. 1

Faro, rivière.

A S. Lourenço de Alman-
cil. . . . . r
A Quinta da Quarteira. . . 2
A Estalagem da Nora. . . 1
A Lugar de Pera. 1
A Lugar de Porxes. 1
A Lugar de Lagoa. . . . . r
A Villa-Nova de Porti-
mão. . . . . r
A Alvor. . . . . r

Petit ruisseau.

20 $^1/_2$ — A Lagos. 1

Communication, par cette même route,
avec VILLA DO BISPO.

De Lagos à Budens. 2
A Figueira. 1
A Raposeira. 1

Petit ruisseau.

25 $^1/_2$ — A Villa do Bispo. r

Communication avec SAGRES.

De Villa do Bispo à Sagres. 2

E

D'AYAMONTE *à* ALCOUTIM, 6 *l.* $\frac{1}{4}$

D'Ayamonte à São Lucar de Guadiana, *cótoyant la rive orientale de ce fleuve.* 6	$6^{1}/_{4}$ — A ALCOUTIM, *en passant la Guadiana* . . . . « $^{1}/_{4}$

D'ALCOUTIM *à* CASTRO-MARIM, 6 *l.*

D'Alcoutim à São Pedro de Alcaria. 2	A Azinhal. . . . . 2 6 — A CASTRO-MARIM. . . 2

DE TAVIRA *à* LISBONNE (*au nord*),
41 *lieues.*

De Tavira à Azambujal. . .	7	A Quinta de Don Rodrigo.	2
A Os Giões.	2	A Porto del Rei.	1
A Vargens	1	A Porto de Lama.	2
A Caros.	1	A Alberges.	1
A São Sebastião.	2	A Palma.	1
A São João.	1	A Agoas de Moura. . . .	2
A São Marcos.	2	A Palhota.	3
A Entradas.	2	A Moita	2
A Aljustrel.	2	41 — A LISBONNE, *par*	
A Figueira dos Cavalleiros	4	*eau*	3

AUTRE ROUTE.

De Tavira à S. Braz.	4	A Moita	18
A Ameixial.	5	(*Voy. la route ci-dessus.*)	
A Castro-Verde.	7		
A Aljustrel.	3	40 — A LISBONNE. . . .	3

De TAVIRA à LOULÉ , 5 *l.*

De Tavira à Almarges. . 4 | 5 — A Loulé. . . . . . . , . 1
Faro , rivière.

Et de Tavira à Castro-Marim. 5

De LOULÉ à LISBONNE (*au nord*), 37 *l.*

De Loulé à Corte - Fi-
gueira. . . . . 6 | A Porto de Lama . . 2
A Almodovar. . . . . 3 | A Val de Reis . . . . . $^1/_2$
A Castro-Verde. . . . . . 3 | A Alberges . . . . $^1/_2$
A Aljustrel. . . . . 3 | A Palma. 1
A Figueira dos Cavallei- | A Agoas de Moura . . 2
ros. . . . . 4 | A Palhota 3
A Quinta de Don Rodrigo. 3 | A Moita 2
A Porto del Rei . . . . . . 1 | 37 — A Lisbonne, *par*
eau 3

Autre route *par* OURIQUE.

De Loulé à Corte - Fi-
gueira. . . . . 6 | (*Voyez la route de Lis-*
12 — A Ourique. . . . . . 6 | *bonne à Santiago de Ca-*
A Panoias . . . . 3 | *cem , pag.* 66.)
A Santiago de Cacem. . . 5 | A Moita. 3
32 — A Setubal. . . . . 12 | 38 — A Lisbonne. 3

De LOULÉ à LAGOS , 10 *l.*

De Loulé à Quinta da | 10 — A Lagos. 8
Quarteira. . . . . 2 |

De LOULÉ à FARO , 2 *l.*

DE FARO à LISBONNE (*au nord*), 38 *l.*

De Faro à São Braz.. 2	A Moita............ 18
A Ameixial........ 5	(*Voy. la route de Tavira*
A Sambrana....... 3 ¹/₂	*à Lisbonne, p.* 74.)
A Castro-Verde.... 3 ¹/₂	
A Aljustrel........ 3	38 — A LISBONNE..... 3

Autre route par BEJA.

De Faro à Loulé..,... 2	A Montemor-Novo.... 6
A Almodovar........ 9	48 — A LISBONNE.... 15
A Castro-Verde....... 3	(*Voy. la route de Ba-*
A Entradas.......... 2	*dajoz à Lisbonne,*
21 — A BEJA........ 5	*p.* 51.)
A Alvito........... 5	
27 — A VIANA....... 1	

DE FARO à LAGOS (*à l'ouest*), 11 *l.*

De Faro à S. Lourenço de Almancil........ 1	A Lugar de Lagoa..... 1
A Quinta da Quarteira. 2	A Villa-Nova de Porti-mão............ 1
A Estalagem da Nora... 1	A Alvor........... 1
A Lugar de Pera..... 2	11 — A LAGOS....... 1
A Lugar de Porxes.... 1	

DE FARO à ALBOFEIRA , 7 *l.*

De Faro à Pera..... 6	7 — A ALBOFEIRA..... 1
(*V. la route ci-dessus.*)	

D'ALBOFEIRA à LISBONNE , 36 *l.*

D'Albofeira à S. Bartho-lomeu de Messines.... 3	A São Marcos........ 2
	A Santa Clara........ 3

(On passe la montagne de Monchique.)

A São Martinho 3
A Val de Santiago 2
A Alvalade 3
A Bairros 2

A Val de Guisio 4
A Alcacer do Sal 1
A Palma 3
A Agoas de Moura 2
A Moita 5
36 — A Lisbonne 3

AUTRE ROUTE *par* LAGOS.

D'Alboseira à Villa-Nova de Portimão 4
A Alvor 1
A Lagos 1
A Setubal 31

(Voyez ci-après la route de Lagos à Lisbonne, p. 78.)
43 — A Lisbonne 6

DE VILLA-NOVA DE PORTIMÃO à LISBONNE, *par* ALJESUR, 58 *l.*

De Villa-Nova à Aljesur. 6
A Odeseixas 2
A Villa-Nova de Mil fontes 6
A Santo André 7

A Melides 2
A Comporta 6
A Setubal 3
38 — A Lisbonne 6

AUTRE ROUTE *par* MONCHIQUE, *en passant la montagne de même nom.*

De Villa-Nova de Portimão à Monchique . . . 4
A Palhota 4
A Val de Santiago 6
A Bairros 7

A Alcacer do Sal 8
A Agoas de Moura 5
A Moita 5
42 — A Lisbonne 3

DE VILLA-NOVA à SILVES, 2 *l. par terre ou par eau, en remontant la rivière.*

DE VILLA-NOVA à LAGOS, 2 *l.*

DE LAGOS à LISBONNE, 37 *l.*

De Lagos à Bemsafrim.. 1
A Aljesur............ 4
A Odeseixas.......... 2
A Villa-Nova de Milfontes................ 6
A Santo André........ 7
A Melides........... 2
A Comporta.......... 6
A Setubal........... 3
A Moita............ 3
37 — A LISBONNE....... 3

NOTA. *Pour suivre cette route il faut prendre* un bateau à COMPORTA; *et comme on n'en trouve pas toujours, on pourra continuer par terre, en suivant le chemin ci-après :*

De Melides à Alcacer do Sal................ 6
A Agoas de Moura..... 4
A Palhota............ 3
A Moita............. 2
18 — A LISBONNE...... 3

DE LAGOS à BEJA, 23 *l.*

De Lagos à Odeseixas... 7
A Odemira........... 4
A Santa Luzia........ 4
A Messejana.......... 2
A Aljustrel.......... 1
23 — A BEJA......... 5

AUTRE ROUTE *par la montagne de* MONCHIQUE.

De Lagos à Monchique.. 5
A Estalagem da Palhota, 4
A Igreja de Santa Clara. 1/2
A São Martinho das

Amoreiras......	» 1/2	A Messejana.........	1
A Garvão.......	1	A Aljustrel.........	1
A Panoias......	1	19 — A Beja........	5

De LAGOS à OURIQUE, 12 *l.*

De Lagos à S. Martinho	(*Voyez la route ci-dessus.*)	
das Amoreiras...... 10	12 — A Ourique.......	2

De LAGOS à EVORA, 31 *l.*

De Lagos à Messejana... 17	A Villa de Ferreira....	4
	A Alvito..........	4
(*Voyez la route de La-*	A Aguiar.........	2
gos à Beja, p. 78.)	31 — A Evora........	4

De LAGOS à VIDIGUEIRA, 25 *l.*

De Lagos à Aljustrel... 18	A Aldea do Ervedal....	2
	A Beringel.........	2
(*Voyez la route de La-*	A Cuba..........	2
gos à Beja, p. 78.)	25 — A Vidigueira.....	1

Nota. *Les routes de* Lagos *pour toute la côte jusqu'à* Castro-Marim *et* Ayamonte *sont tracées dans le chemin d'*Ayamonte *à* Lagos, *p.* 73, *et on n'aura qu'à suivre les communications d'une ville à une autre en rétrogradant.*

E 3

DE BAYONNE (*France*) à LISBONNE,
par MADRID, 189 *l.* $\frac{1}{2}$.

De Bayonne à Bidarte.	2
A St.-Jean-de-Luz.	2
A Irum (*Espagne*).	2 $\frac{1}{2}$
A Oyarzum	2
A Hernani	3
A Tolosa	3
A Villafranca	3
A Villareal	2 $\frac{1}{2}$
A Oñate	2 $\frac{1}{2}$

Rivière, P.

A Mondragon	2
A Salinas de Guipuscoa	2
A Ulivari de Gamboa.	1 $\frac{1}{2}$
30 — A VITORIA	3
A la Puebla	3

Ebre, rivière, P.

A Miranda de Ebro.	2 $\frac{1}{2}$
A Ameingo	2 $\frac{1}{2}$
A Zuñeda	$\frac{1}{2}$
A Pancorvo	1
A Santa-Maria	1
A Cubo	1 $\frac{1}{2}$
A Venta de Cameno.	2
A Bribiesca	» $\frac{1}{2}$
A Pradano	1
A Castil de Peones.	» $\frac{1}{2}$
A Santa Olalla et Quintanavides	$\frac{1}{2}$
A el Monasterio de Rodillas	1

A Quintanapalla	1
A Rubena	1
A Villafria	1
A Gamonal	» $\frac{1}{2}$
52 $\frac{1}{2}$ — A BURGOS	» $\frac{1}{2}$

Arlanzon, rivière, P.

A Sarrazin	1 $\frac{1}{2}$
A Cogollos	1
A Madrigalego	1 $\frac{1}{2}$
A Villarmazo	1 $\frac{1}{2}$

Arlanzon, rivière, P.

A Lerma	$\frac{1}{2}$
A Venta de Foncioso.	1
A Venta del Frayle.	1
A Bahabon	1

Esgueba, rivière, P.

A Oquillas	1
A Gumiel de Izan.	1

Duero, rivière, P.

A Aranda de Duero.	2
A Fuentes-Espina.	1

Rianza, rivière.

A Milagros	1
A Pardilla	1

Rianza, rivière, P.

A Honrubia	1
A Caravia	2
A Fresnillo de Fuente.	1

A Boceguillas . . . . . . » ¹/₂

Rianza, rivière.

A Castillejo. 2
A Cerecillo. 1
A la Venta de Juanilla. 1
A Somosierra. 1
A Robregordo . . . . . » ¹/₂
A Buitrago. . . . . 2 ¹/₂

Lozoyuela, rivière.

A Lozoyuela . . . . . . 1 ¹/₂
A la Cabrera. 1
A Cavanillas. 1
A la Venta de Pedre-
zula. . . . . 1 ¹/₂

Gualix, rivière, P.

A San Agustin. . . . . 1 ¹/₂
A San Sebastian. . . . 2 ¹/₂
A Alcovendas. . . . . . » ¹/₂
93 — A MADRID. 3
A Ventas de Alcor-
con. 1
A Alcorcon. 1
A Mostoles 1
A Arroyo Molinos . . 1

Guadarrama, riv. P.

A el Alamo 2
A Casa Rubios. 1
A Venta de Retamo-
sa. 1
A Venta del Gallo. . . 1
A San Silvestre. . . . 2
A Maqueda 1
A Santa Olalla. 1

A el Bravo. 2
A Venta de Alberche. 3

Alberche, riv. P.

112 — A TALAVERA DE
LA REYNA. 1
A Venta Peralvane-
gas 4
A Torralva 2
A Calzada de Oro-
pesa 2
124 — A NAVALMO-
RAL. 4
A Espadanal. 1
A Almaraz. 1

Tage, rivière, P.

A Venta Nueva. . . . . 1 ¹/₂
A Casas del Puerto. 1
A Jaraicejo 2

Monte, rivière, P.

132 ¹/₂ — A TRUXI-
LLO. 2
A Puerto de Santa
Cruz. 3

Perales, ruisseau.

A Miajades. 3

Burdalo, rivière, P.

A Venta del Aguia. 2
A San Pedro. 3
A Trugillanos. 2
A Mérida 1

Guadiana, rivière, P.

A Lobon. 5

Guadagira, rivière.

A Talaveruela. 2

Lentrin et Rivillas, rivières.

156 ¹/₂ — A Badajoz. . . 3

Guadiana, rivière, P.

A Elvas (*Portugal*). . . 3
189 ¹/₂ — A Lisbonne. 3o
(*Voy. la route de* Badajoz
à Lisbonne, *pag.* 51.)

De Bayonne à Lisbonne, *par* Valladolid *et* Salamanque, 174 *l.* ½

De Bayonne à Burgos. 52 ¹/₂

(*Voy. pag.* 8o.)

A Buniel. 1
A Estrepar. 1
A Venta de Pontones 1
A Celada del Campo. 1
A Villanueva de las
  Carreras. 2
A Venta del Pozo. . 2
A Villodrigo. 1
A Venta del Moral. 1

Arlanzon, rivière, P.

A Quintana de la
  Puente. 1

Pisuerga, rivière, P.

A Torquemada. . . . 2
A Magas. 2
A Venta de S. Isidro. 1 ¹/₂

Carrion, rivière, P.

A Dueñas. . . . . ¹/₂

A Venta de Trigue-
  ros. 2

Arlanzon, rivière, P.

A Cabezon. 2
75 ¹/₂ — A Valla-
  dolid. 2
A Simancas. 2
A Tordesillas. 3
A los Hebanes. . . . . 3 ¹/₂
A Siete Iglesias. . . . 1
A Alahejos. 1

Guareña, rivière, P.

A Castrillo. 2
A Cañisar. 1
A Parada de Rubia-
  les. . . . . 1 ¹/₂
A la Orbada. 1
A Pajares. . . . . » ¹/₂
A Pedrocillo el Rallo 1
A Castellanos de Mo-
  risco. 1
95 ¹/₂ — A Sala-
  manque. . . . . 1 ¹/₂

A Tejares.	1		111 — A Ciudad-Rodrigo.	3
A Calzadilla.	1 ½		A Almeida (*Portugal*).	4
Valmusa, rivière, P.			174 ½ — A Lisbonne.	59 ½
A la Rad	1			
A Calzada de Don Diego.	1			
A la Bobeda	3			
A Guadilla.	2			
A Martin del Rio. .	1			
A Santi Spiritus. . .	2			

(*Voy*. la route de Ciudad-Rodrigo *à* Lisbonne *par* Almeida *et* Pinhel, *pag.* 26).

FIN.

TABLE ALPHABÉTIQUE
DES MATIÈRES.

Abrantes (d') à Castello-Branco.... pag. 62
— à Estremóz........ 63
— à Evora......... 62
— à Evora, par Aviz. 63
— à Portalegre...... 63
Albufeira (d') à Lisbonne........... 76
— à idem par Lagos. 77
Alcantara (d') à Lisbonne........... 52
Alcoutim (d') à Castro-Marim........... 74
ALEMTEJO........ 47
ALGARVE........ 70
Almeida (d') à Porto. 26
— à Lamego....... 37
Aveiro (d') à Vousella. 36
— à Lisbonne....... 36
— à Porto......... 36
— à idem...:...... 36
Ayamonte (d') à Alcoutim........... 74
— à Lagos........ 73
— à Villa do Bispo... 73
Badajoz (de) à Lisbonne........... 51
— à Evora........ 52
Barcellos (de) à Ponte de Lima.......... 14

Bayonne (de) à Lisbonne, par Madrid.. 80
— à Lisbonne, par Salamanque........ 82
BEIRA.......... 22
Braga (de) à Amarante. 13
— à Chaves....... 13
— à Guimarães...... 13
— à Viana........ 13
Braganca (de) à Chaves. 21
— à Miranda de Douro. 22
Caldas (de) à Leyria. 58
— à Peniche....... 58
— à Santarem...... 58
Castello-Branco (de) à Covilhã........... 42
— à Lisbonne....... 42
Ciudad-Rodrigo (de) à La Guarda........ 27
— à Lisbonne...... 26
Coïmbre (de) à Aveiro. 34
— à Figueira........ 34
— à Lapa......... 33
— à Lisbonne...... 34
— à idem........ 35
— à Montemor-Velho. 34
— à Porto........ 33
— à Viseu........ 33
Elvas (d') à Portalegre. 52
— à idem......... 52

ENTRE - DOURO ET MINHO. 7
ESTRAMADURE 43
Evora (d') à Alcacer do Sal. 54
— à Almada. 54
— à Beja. 53
— à Campo-Maior. . . . 53
— à Garvão. 54
— à Lisbonne.. 54
— à Mertola. 54
— à Moura. 53
— à Mourão 53
— à Olivença. 53
— à Portalegre. 53
— à Serpa. 53
— à Setubal. 54
Faro (de) à Albofeira. 76
— à Lagos. 76
— à Lisbonne.. 76
— à Lisbonne, par Beja. 76
Gouvea (de) à Lisbonne. 31
— à Lisbonne. 32
— à Pinhel et Almeida. 32
— à Viseu. 32
Guarda (de la) à Alfaia-tes. 30
— à Castello - Branco. . 29
— à Coïmbre. 31
— à Covilhã. 29
— à Fundão. 30
— à Lamego. 28
— à Linhares et Villa de Cea. 31
— à Lisbonne. 27
— à idem. 28
— à Manteigas. 30
— à Pena-Macor. 30

— à Porto. 28
— à Sabugal. 30
— à Torre de Moncorvo. 29
— à Villar-Mayor. . . . 31
Lagos (de) à Beja . . . 78
— à Evora. 79
— à Lisbonne. 78
— à Ourique. 79
— à Vidigueira. 79
Lamego (de) à Almeida. 39
— à Braga. 37
— à Coïmbre. 39
— à Lapa. 39
— à Moimenta. 37
— à Porto. 38
— à Villa - Real. 38
— à Vousella. 39
Lisbonne (de) à Abran-tes. 62
— à Alenquer. 57
— à Almeida et Ciudad-Rodrigo. 65
— à Alvito. 67
— à Badajoz. 65
— à Beja.. 65
— à Caldas. 57
— à Coïmbre et Porto. 55
— à Evora. 65
— à Faro. 69
— à Leyria et Coïmbre. 58
— à Mafra. 57
— à Messejana. 68
— à Odemira. 67
— à Ourique. 68
— à Santarem. 58
— à Santiago de Cacem. 66
— à Setubal. 63
— à Thomar. 59

— à Torres - Vedras.. 55
— à Villaviçosa..... 67
Loulé (de) à Faro... 75
— à Lagos......... 75
— à Lisbonne...... 75
Moimenta (de) à Braga. 40
— à Porto.......... 40
— à S. João de Pesqueira............ 41
— à Trancoso...... 41
— à Torre de Moncorvo. 40
— à Villa-Real..... 40
— à Viseu........ 41
Monterey (de) à Porto. 11
— à Torre de Moncorvo. 17
Pinhel (de) à la Guarda........ 41
— à Almeida....... 42
Portalegre (de) à Alcantara........... 52
Porto (de) à Barcellos. 13
— à Braga......... 12
— à Coïmbre et Lisbonne. 11
— à Ponte-de-Lima... 14
— à Viana........ 13
Puebla de Sanabria (de la) à Torre de Moncorvo 17
Salvaterra (de) à Castello-Branco 42
Santarem (de) à Coïmbre............ 59
Setubal (de) à Montemor-Novo......... 64
— à Alcacer do Sal .. 65
Tavira (de) à Lisbonne. 74
— à Loulé........ 75
Thomar (de) à Abrantes 60

— à Castello-Branco .. 62
— à Coïmbre........ 61
— à Leyria........ 60
— à Ourem........ 61
TOPOGRAPHIE.... 7
Torre de Moncorvo (de) à Freixo de Espadacinta............ 21
— à Lisbonne........ 20
— à Porto......... 18
— à Villa-Real...... 18
Torres-Vedras (de) à Alenquer 56
— à Cadaval........ 57
— à Caldas........ 56
— à Ericeira........ 56
— à Mafra......... 56
— à Peniche........ 56
Trancoso (de) à Pinhel. 41
TRAZ-OS-MONTES.. 15
Tuy (de) à Porto.... 10
— à Melgaço........ 11
Villa-Nova de Portimão (de) à Lagos.... 78
— à Lisbonne....... 77
— à Silves......... 78
Villa-Real (de) à Chaves........... 19
— à Lamego........ 19
— à Mirandella...... 19
Villaviçosa (de) à Mourão............ 68
— à Olivença....... 68
— à Portalegre...... 68
Viseu (de) à Aveiro... 35
Zamora (de) à Torre de Moncorvo........ 18